새로 쓴 기독교, 세계, 관

송인규

Ivp

IVP(InterVarsity Press)는
캠퍼스와 세상 속의 하나님 나라 운동을 지향하는
IVF(InterVarsity Christian Fellowship)의 출판부로서
생각하는 그리스도인을 위한 문서 운동을 실천합니다.

차례

들어가며 • 5

1. 삶의 곤혹스런 스케치 • 9

2. 성경이 말하는 기독교 세계관 • 19

3. '만물'의 네 가지 범주 • 31

4. '기독교적': 창조-보존-화목 • 65

5. '관'(觀): 보기/인식하기 • 105

6. 기독교 세계관의 의의 • 119

7. 더 읽어야 할 책들 • 155

들어가며

「죄 많은 이 세상으로 충분한가?」에서
「새로 쓴 기독교, 세계, 관」까지

때는 1980년 초 어느 오후 시간. 당시 IVF 사무실이었던 서대문구 미동 아파트 810호에는 몇 명의 대학원생이 모여 제임스 사이어(James Sire)의 *The Universe Next Door*(나중 「기독교 세계관과 현대사상」으로 출간됨)를 읽으며 토론하고 있었다. 이것이 한국 교회 내 기독교 세계관 운동의 효시가 된 원조 모임이었다. 당시 스터디 그룹의 안내자 격인 윌리엄 쇼(William Shaw)는 2대째 한국에서 봉사한 감리교 선교사의 아들이었다. 그 역시 한국 선교사로 지원했으나 자녀들이 많아 선교부로부터 거절을 당했다. 그는 좌절하지 않고 서울대대학원에 지원해 조선 시대 법제사를 연구하는 박사 학위 과정 학생으로 한국에 올 수 있었다. 아마도 그는 웨슬리 웬트워스(Wesley Wentworth) 선생의 소개로 이 대학원생들과 연결이 된 것으로 기억한다.

당시 IVF 총무였던 나는 너무 할 일이 많아 그 모임에 참여하지는 않았다. 그러나 이들이 무슨 책을 공부하고 있으며 그 주제가 '세계관'이라는 것만큼은 잘 알고 있었다. 또 기독교 세계관이라는 제목을 갖고 있지는 않았지만, A. N. 트리턴(Triton)의 *Whose World?*(나중 「세상 속의 그리스도인」으로 출간됨)에 성경적 세계관이 설명되어 있었는데, 이 내용이 나에게 매우 인상적이었다. 그리고 총신 연구원을 다니면서 소개 받은 아브라함 카이퍼(Abraham Kuyper)의 가르침도 나의 사상 형성에 중요한 요인으로 작용했다.

당시 한국 교회는 신앙의 방향과 관련하여 서로 다른 두 가지 추세가 묘하게 뒤섞여 있었다. 한편에는 '삼박자 구원'이 서서히 용틀임하기 시작하면서 그리스도인이 현실 생활에 집착하는 것을 당연시하도록 부추기고 있었다. 또 다른 한편으로는 1950-1960년대의 타계주의적 신앙 전통으로부터 물려 받은 도피주의적 천국관 또한 기승을 부리고 있었다. 그런데 이 두 가지 신앙 패턴의 공통점은 바로 이원론(dualism)이었다. 영혼은 선하고 육신은 악하다든지, 교회는 거룩하고 세상은 악하다든지 하는 식의 고착화된 생각이었다. 내가 기독교 세계관에 관심을 갖게 된 것도 실은 한국 교회의 이러한 신앙 특징에 대한 일종의 불만 때문이었다.

그러다가 「죄 많은 이 세상으로 충분한가?」(IVP)가 탄생했다. 당시 젊은이 모임에서는 "죄 많은 이 세상은 내 집 아니네…"로 시작하는 복음 성가가 널리 애창되고 있었다. 나는 이 세상이 비록 악하기는 하지만 그래도 역시 하나님의 세상이고, 또 우리의 세상이기도 하다는 뜻에서, 제목을 그렇게 도전적으로 정했다. 원래 이 글은 출판을 목표로 쓰인 것이 아니고 "학사회보"에 네 번(1982년 1월, 3월, 4월, 6월)에 걸쳐 연재되었던 내용이다. 그래서 책을 다시 읽을 때마다 여기저기에서 아쉬움을 많이 느끼곤 한다.

하지만 그 때나 지금이나 기독교 세계관이 무엇인가에 대해 갖는 생각은 동일하다. 나는 「죄 많은 이 세상으로 충분한가?」에서 기독교 세계관을 "하나님 말씀의 원리에 입각해 이 세계와 인생과 문화 전체를 인식하고, 이해하고, 그에 따라 삶의 자세(구원과 직접 관련된 것이든 일반적인 영역에 속한 것이든)를 확립하는 기독교적 안목"(6면)이라고 정의를 내렸다. 그런데 이전 책에서는 "말씀의 원리에 입각해 이 세계를 인식하는 것"이 무엇인지 자세히 밝히지 못했다. 따라서 이번 책에서는 바로 그것을 성경으로부터 밝히고자 총력을 기울였다고 할 수 있다.

사실 오늘날 기독교 세계관은 과거처럼 관심을 한 몸에 받는 주제도 아니고, 또 안타까울 정도로 수다한 오해를 받고 있다(그 이유가 무엇인지는 이 책의 2장에서 설명하였다). 그러나 만일 우리가 성경이 말하는 기독교 세계관을 올바로 확립하지 않는다면, 우리의 경건과 우리의 삶은 커다란 손실을 겪는다. 그 이유는 직접 책의 내용을 통해서 확인하기 바란다. 1장에서는 네 가지 삶의 스케치가 소개되어 있다. 2장은 골로새서 1:15-20의 내용에서 기독교 세계관의 핵심을 끌어내고 있다. 그런 후 그 다음의 세 장은 기독교 세계관의 세 가지 요소인 '세계'(3장), '기독교적'(4장), '관'(5장)을 각각 다루고 있다. 6장에는 기독교 세계관의 의의가 무엇인지 세 항목으로 나누어 설명해 놓았다. 마지막 7장에는 기독교 세계관의 적용과 관련해 열두 가지 전문 분야를 대표하는 책들이 소개되어 있다.

이 책은 다른 기독교 세계관 관련 책들에 비해서 비교적 읽기 쉽게 되어 있다. 우선 기독교 세계관을 세 가지 요소로 풀어 설명하고 있기 때문에 전체적인 이해가 가능하다. 또 대부분의 주장과 근거가 주로 성구에 기초해 제시되기 때문에 사변적이라는 느낌이 거의 들지 않는다. 물론 그렇다고 해서 누워서 쉽게 읽어 넘길 수 있는 그런 내용도 아니다. 그렇기 때문에 한 번 읽어 납득이 잘 가지 않는 부분이 있다면, 두세 번 반복해 읽음으로써 확실히 내용을 파악하는 것이 좋다. 읽는 이가 자세하고 꼼꼼히 읽는다면 그만큼 수확도 클 것이다.

물론 이 책만으로 기독교 세계관에 대한 설명이 다 끝난 것은 아니다. 시간이 허락된다면 기독교 세계관이 활성화되지 못하는 이유인 (1) 인식과 실천 사이의 간극, (2) 한국인이 이미 견지하고 있는 세속적 세계관, 이 두 가지를 더 심층적으로 밝혀보고 싶다.

이 책이 발간되기까지 자극과 격려를 아끼지 않은 IVP 편집부 식구들에게 감사를 표한다. 또 이 지면을 빌어, 늘 나와 함께 동역자로서 곁에 있어 준 사랑하는 아내 영아에게도 고맙다는 말을 전해야겠다. 왜냐하면 그렇게 열심히 자판을 두드려 주는데도 고마움을 표현하기는커녕, 오히려 오타나 오자가 발견될 때마다 인상을 쓰곤 했으니까.

2008년 12월
송인규

I. 삶의 곤혹스런 스케치

어떤 때 우리 앞에는 마음을 시원하게 하고 눈을 맑게 하는 탁 트인 풍경이 펼쳐집니다. 그러나 반대로 짙게 드리운 안개의 장막 때문에 아주 가까운 거리도 분간하기 힘들 때가 있습니다. 이런 정반대 되는 상황은 우리 그리스도인의 신앙 생활에도 그대로 나타나는 것 같습니다. 성령께서 우리의 마음을 환히 밝혀 주어 걷힌 커튼 사이로 하나님의 진리 세계가 아름답게 펼쳐지는 때가 있습니다. 그러나 어떤 때는 막다른 골목에 몰린 듯 어떻게 해야 할지 알지 못하는 가운데 쩔쩔매기도 합니다. 우리는 어떤 경우 이렇게 답답해하고 혼란스러워 합니까?

풍경1 신앙과 삶의 괴리

이번 설문 조사는 교회의 위상이 떨어짐과 동시에 비그리스도인들 사이에 번지고 있는 반(反)기독교적 정서에 놀라 시작되었습니다. 설문의 주안점은 그리스도인이 일상적 삶 가운데 얼마나 그리스도인임을 의식하고 사느냐에 관한 것이었습니다. 전혀 예상치 못했던 바는 아니지만, 역시 응답자 중 대부분은 자신의 일상적 삶을 신앙과 연관시키지 않고 있다고 답변했습니다. 물론 머리로는 예수께서 어디서든 왕이시고 주님 되신다는 것을 인정한다고 했습니다. 그러나 실제로 삶의 구체적 환경에서는 거의 잊고 지낸다는 것입니다.

사실상 대부분의 그리스도인은 신앙 생활을 교회 생활과 거의 동일시하고 있었습니다. 그러니 교회 활동을 벗어난 매일의 생활 현장에서 그리스도 중심으로 산다는 것이, 자신들과는 아무 상관 없는 다른 그리스도인들의 이야기로 들릴 수밖에 없었습니다. 다시 말해서, TV 시청, 장보기, 시험 준비, 판촉 부서 회의, 성생활, 주말 나들이, 사교육, 실험실 근무, 돈 사용, 재테크, 국회의원 선거, 이성 교제, 운동 등 교회당 밖에서 수행하는 이런 다양한 활동들은, 신앙과 아무런 상관이 없든지 아니면 하나님을 배제한 가운데 이루어지고 있다는 것입니다.

김 연구원은 설문 조사 결과를 정리하면서 이런 안타까운 상황이 다른 이들에게만 해당되는 것이 아님을 깊이 인식하고 있었습니다. 자신 또한 교회를 다닌 지 15년이나 지났지만, 성숙한 그리스도인으로서 세상에서 살아가는 법에 대해서는 거의 들어 본 적도 없고 모범으로 여길만한 대상도 없는 것 같았습니다.

신앙 생활의 대부분은 주일에 교회당 안에서만 이루어지는 것이라고 은연 중에 배웠기 때문에 달리 생각한다는 것은 매우 힘든 일이었습니다. 예배를 드리거나 기독교 활동에 참여할 때는 그래도 그나마 하나님 앞에서 마음을 살피고 기도라도 하면서 시작했지만, 교회당 밖에서 벌어지는 일상 생활과 관련해서는 그런 생각을 하는 일이 매우 드물었던 것입니다. 그러니 어떻게 그리스도인이 세상의 소금과 빛이 될 수 있겠으며, 비그리스도인들의 칭송을 들을 수 있겠습니까?

풍경2 아마추어 영화 비평가들

"황금 나침반"(Golden Compass)을 관람하고 난 청년부 회원들의 반응은 매우 다양했습니다.

회원1: 야, 생각보다 재밌네! C. S. 루이스의 "사자, 마녀와 옷장"보다 더 낫지 않아?

회원2: 글쎄, 영화로서는 그런 것 같기도 해. 그렇지만….

회원1: 그렇지만 뭐?

회장 : 그래도 루이스는 기독교 작가였잖아? 내가 알기에 "황금 나침반"의 원작자인 필립 풀먼(Philip Pullman)은 무신론자거든….

회원1: 그래? 하지만 무신론자의 작품이라고 해서 꼭 나쁘게만 봐야 할 필요는 없잖아? 영화는 우선 관객의 흥미를 끌어야 하니까 말이야.

회원3: 그렇게 따지면 톨킨의 "반지의 제왕"이 짱이었어. 영화로도 재미있고 기독교인이기도 하니까.

회원2: 톨킨은 로마가톨릭이라잖아?

회장 : 로마가톨릭이니까 무신론자보다는 낫지.

회원1: 우리 목사님은 가톨릭하고 우리하고는 차이가 많다고 지난번에 설교하셨잖아?

회장 : 물론 그렇기는 하지만 무신론자보다는 더 가깝겠지.

회원1: 나는 아직도 의문이 많아. 우리가 기독교인이니까 꼭 기독교인이 만든 작품을 더 선호해야 한다는 뜻으로 들리거든. 그래도 영화는 대중 문화의 일종이니까 재미가 우선일 것 같아.

회원2: 물론 재미도 있어야 하지만, 우리가 기독교인이니까 영화의 원작자나 제작자의 종교와 가치관을 고려하는 것도 중요하지 않을까?

회원3: 그런데 C. S. 루이스도 우리들처럼 장로교인은 아니라고 들었어. 지난번에 전도사님한테 물어 봤는데 루이스는 성공회 교인이라 우리가 생각하는 것과 많이 다르다고 하던데.

회원1: 거봐, 어차피 우리하고 똑같은 사람으로서 좋은 작가나 영화 제작자는 거의 없어. 그러니까 어쨌든 그런 사람들의 사상적 배경을 따지는 것보다는 영화는 그냥 그 자체로 즐기고 평가하는 것이 낫지 않을까?

모두들 한 마디씩 했고, 또 각자의 말에 일리가 있기는 했지만 이 문제와 관련해 어떻게 가닥을 잡아야 할지 난감할 뿐이었습니다.

풍경3 자연 과학 가르치기

그 날의 교과 과정 위원회 모임은 다소 무거운 분위기 가운데 진행되었습니다. 박 교수와 정 교수 사이의 의견 충돌 때문이었습니다.

실은 몇 년 전부터 교양 과정의 교과 과목을 좀더 기독교적으로 바꿔야 한다는 목소리가 있었습니다. 그것은 이 대학이 다른 미션 스쿨과 달리 좀더 기독교적 정신에 충실한 교육 기관으로 발돋움해야 한다는 결연한 의지에서 비롯된 바였습니다. 구체적 실행의 일환으로 교과 과정 위원회가 결성된 것은, 학부모들 가운데 일부가 항의를 한 것 때문이기도 하지만, 그보다는 강의를 담당하는 교수들 내부에서의 요구가 더 컸습니다.

그러다가 문제가 된 것은 과학 과목이었습니다. 일단 교양 필수로서 '자연 과학 개론'이라는 과목을 개설하기로 정했는데, 이 과목의 내용 구성과 관련해 의견 차이가 불거진 것입니다. 우선 박 교수는 기독교 학교라 해도 '과학'은 가치 중립적인 과목이니 일반 대학과 똑같은 교재를 택하자고 했습니다. 혹시 기독교적인 특색이 필요하면, 가르치는 교수 편에서 그때 그때마다 적절한 내용을 소개하면 될 것이라는 의견이었습니다.

이런 견해에 대해 정면으로 반대하고 나선 것은 정 교수였습니다. 그는 '자연 과학'을 철두철미하게 기독교적 관점에서 조망하는 내용을 가르쳐야 한다는 강도 높은 대안을 제시했습니다. 그러면서 이 대학의 기독교적 설립 이념을 거론하는 것이었습니다. 만일 우리가 기독교 대학이면서 이런 과목을 기독교적 관점에서 가르치지 않는다면, 무엇 때문에 기독교 대학의 독특성을 운운해야 하는 것이냐고 반론을 편 것입니다.

그러나 박 교수의 의견은 달랐습니다. 가르치는 과목이 종교학이나 신학이면 모르지만 신입생을 대상으로 한 자연 과학 과목인데, 꼭 거기에 기독교적 안목을 내세워야 하느냐는 것이었습니다. 화학이든 지구과학이든 물리학이든 과학의 방법론, 실험, 가설 정립 등에서 기독교인과 비기독교인 사이에 무슨 차이가 있느냐는 것입니다. 물론 기원의 문제나 형이상학적 전제에 있어서 비그리스도인들과 상당히 큰 차이가 있다는 것은 인정하지만, 그런 사안은 더 수준 높은 과목에서 다루어야지 교양 과정에서 다룰 것이 못 된다는 의견이었습니다.

풍경4 그리스도인 위정자 선출

매일 밤낮으로 촛불 시위가 한창일 때, 느닷없이 대학 시절 동아리 선배로부터 전화가 걸려 왔습니다. 선배는 자기도 신의 존재를 인정하지만 기독교 식의 제도권 종교에는 발을 들여 놓고 싶지 않다고 누누이 밝히던 인물이었습니다. 그러면서 기독교인인 S에게 습관적으로 기독교에 대한 불평이나 원망을 표출하곤 했습니다. S는 그 선배를 아주 좋아하지는 않았지만 그런대로 이야기를 들어 주는 편이었으므로, 졸업 이후에도 S에게 가끔씩 불쑥 연락을 취하곤 하던 터였습니다. 그날 전화의 내용은 오늘이나 내일 밤에 시청 앞 광장으로 나와 시위에 참여하지 않겠느냐는 권유 반 설득 반의 요청이었습니다. S는 별로 내키지 않아 듣는 둥 마는 둥 하며 핑곗거리를 찾고 있었습니다.

그런 S의 소극적인 반응에 화가 났는지 선배는 S에게 마구 비난을 쏟아 놓기 시작했습니다. 그러다 비난의 화살이 결국 기독교를 표적으로 하여 날아들었습니다. 온 나라가 다 뒤숭숭한데 기독교인이면서 이런 모임을 등한시하다니 이기적인 것이 아니냐, 사실 사람들이 느끼는 억울함 가운데 몇 가지는 모두 기독교인들 때문에 생긴 거나 마찬가지 아니냐, 위정자 가운데에도 기독교인이 그렇게 많은데 왜 나라 꼴이 이 모양이냐 등등.

급기야는 기독교인들이 다른 종교인들을 거들떠보지도 않고 기독교인들만을 위정자로 뽑은 것이 가장 큰 문제라고 공격을 했습니다. S는 난감했습니다. 전화에 대고 이런 얘기를 하기도 힘들었지만, 실상은 S 자신도 이에 대해 별로 정리가 안 되어 있었기 때문이었습니다. 교회에서 사람들과 이 문제에 대해 토론을 벌이기도 했지만,

별 만족스런 답변이 없는 것 같았습니다. 한편으로는 그리스도인이 다른 종교 출신자보다 그리스도인 위정자를 뽑는 것이 당연하게 여겨졌습니다. 그러나 만일 그리스도인보다 위정자로서의 자격을 더 많이 갖춘 무신론자나 타종교인이 있을 때, 그 경우에도 꼭 그리스도인 위정자를 고집해야 하는 것인지는 쉽게 판단이 서지 않았습니다. 머리 속에 떠다니는 그런 여러 가지 상념 때문에 S는 선배의 말이 하나도 귀에 들어오지 않았습니다.

풍경1의 김 연구원은 자신과 교회 전체의 신앙 행태 때문에 안타까워하고 있습니다. 신앙과 삶이 양극화된 채 상호 영향을 끼치지 못하는 것이 안타까움의 주요인입니다. 더욱 문제가 되는 것은 이에 대한 해결책이 막막하다는 것입니다.

풍경2의 청년부 회원들은 영화의 의의 및 기독교적 평가와 관련하여 갈피를 잡지 못하고 있습니다. 그리스도인으로서 이런 문제에 대해 어떤 시각을 가지고 접근해야 하는지 정리가 되어 있지 않은 것입니다.

풍경3의 박 교수와 정 교수 역시 자연 과학의 본질, 기독 신앙과 과학, 기독 신앙과 대학 교육 등의 여러 이슈에 있어 근본적인 견해 차이를 보이고 있습니다. 이러한 차이를 좁힐 만한 이론적 근거를 찾지 않으면 기독교 대학의 이상은 물거품이 될지도 모릅니다.

풍경4의 S는 "그리스도인이라고 해서 꼭 같은 그리스도인만을 위정자로 뽑아야 하는가?"라는 선배의 도전에 힘겨워하고 있습니다

다. 왜냐하면 그 자신이 이에 대해 어떤 확고한 신념을 갖고 있지 못하기 때문입니다.

저는 이러한 곤혹스런 스케치가 '기독교 세계관' 하나로 다 시원스레 해결되리라고 생각하지는 않습니다. 그러나 그럼에도 불구하고 기독 신앙의 근본적 문제점과 해결의 단서만큼은 어느 정도 제시해 줄 수 있다고 믿습니다.

저는 다음 2장에서 '성경이 말하는 기독교 세계관'을 간략히 기술하고자 합니다. 그리고 나서 3-5장에서는 기독교 세계관의 세 가지 요소인 '기독교적'(4장), '세계'(3장), '관'(5장)을 하나씩 살펴보도록 할 것입니다. 그리고 6장에서는 제가 제시하는 형태의 기독교 세계관이 어떤 의의를 갖는지 세 가지 항목으로 정리하려고 합니다. 그리고 마지막 7장에서는 다른 기독교 세계관 책들과 그 이상의 관심 분야와 전문 영역에 대한 탐구서들에 대해 언급할 것입니다.

2. 성경이 말하는 기독교 세계관

한국 교회에 '기독교 세계관'이 소개된 지 거의 30년이 가까워 오지만, 아직도 이 주제에 대한 명확한 이해와 적용은 멀게만 느껴집니다. 물론 소수의 그리스도인들은 아직도 기독교 세계관의 필요성에 대해 강조하고 있는 것이 사실입니다. 그러나 구체적으로 그 필요성이 무엇인지에 대해서는 별 신통한 설명이 주어지지 않고 있습니다. 그래서 대부분의 그리스도인들은 이 주제에 대해 알든 모르든 크게 중요하지 않은 선택적 내용으로 여기고 있습니다.

기독교 세계관이 퇴조한 이유

오늘날의 그리스도인들이 그렇게 된 데에는 몇 가지 이유가 있는 것 같습니다.

첫째, 기독교 세계관은 그리스도인들에게 어렵다는 인상을 풍겨 왔

습니다. 그도 그럴 것이 '세계관'이라는 개념이 성경에서 직접 도출되는 것도 아니고, 그 구체적 내용 또한 성경 공부를 통해서가 아니라 사상서나 이론서를 통해 소개되었기 때문입니다.

다른 이의 추천을 받아 기독교 세계관에 대한 책을 접한 많은 그리스도인들은 내용 가운데 상당히 여러 부분에서 이해하기 힘든 개념이나 설명에 부딪혔습니다. 더구나 그런 책에서 주안점을 정확히 파악한다는 것은 더욱 힘든 일이었습니다. 그러니 '세계관'이 언급될 때마다 겉으로는 동의하는 척하지만 속으로는 마음의 문을 닫아 버리고 말았습니다. 그 결과 기독교 세계관이라는 주제는 무언가 더 많이 알고 싶어하는 지식 탐구형 그리스도인들이나, 현학적인 내용을 배우고 그런 것에 대해 토의하기 좋아하는(그러면서도 삶의 실천이나 경건과 영성에 있어서는 훨씬 떨어지는) 이들의 전유물인 것처럼 치부된 것입니다.

둘째, 기독교 세계관의 핵심을 제대로 파악하지 않았기 때문에 그 내용이 그리스도인들 사이에 지속적인 영향력을 발휘하지 못했습니다. 1980년대 한국 교회에 기독교 세계관이 처음 소개된 것은 제임스 사이어의 「기독교 세계관과 현대사상」(*The Universe Next Door*, IVP 역간)을 통해서였습니다. 이 책은 현 시대를 풍미하고 있는 각종 사상과 시대 조류를 기독교 유신론과 비교하는 책이었으므로, 다루는 소재가 다소 생경하기는 해도 이해 못할 정도는 아니었습니다.

그러나 그 이후 기독교 세계관과 관련하여 훨씬 더 많이 읽힌 알버트 월터스의 「창조, 타락, 구속」(*Creation Regained*, IVP 역간)이나 리

차드 미들톤과 브라이안 월쉬가 공동 저술한 「그리스도인의 비전」(*The Transforming Vision*, IVP 역간)의 경우에는 사정이 좀 달랐습니다. 이 두 저서는 제임스 사이어의 저서와는 달리 개혁파 특유의 기독교 세계관, 소위 개혁파 세계관(reformational world view)을 풀이한 책으로, 하나의 핵심되는 아이디어를 중심으로 내용이 엮어 있습니다. 그 핵심되는 아이디어란, 모든 피조물의 '구조'(structure)와 '방향'(direction)에 관한 것입니다. 그러나 만일 이러한 '구조'와 '방향'의 문제를 제대로 파악하지 않으면 이 책들은 읽으나마나한 것이 되고 맙니다. 이것은 특히 내용이 축약적으로 기술된 「창조, 타락, 구속」의 경우 더욱 그랬습니다. 이 책은 기독교 세계관이 무엇인지 소개하기에 매우 훌륭하지만, 동시에 내용을 제대로 파악하지 않으면 (또 읽고 나서 그 핵심을 문화 분석에 적용하지 않으면) 읽은 이에게 별 유익을 끼치지 못하게 되어 있습니다.

이렇게 핵심을 정확히 파악하지 않은 채 대강 넘어가면서도 마치 기독교 세계관을 다 이해한 것처럼 생각하고 말하는 것이 결국 비극적 결과를 초래하고 말았습니다. 책의 중심 내용을 파악하지 않으면 그 내용을 우리의 삶이나 문화에 적용할 수 없기 때문입니다. 그렇게 되면 그러한 사상의 영향력은 크게 감소되어 그저 화석처럼 전시용 효과밖에 발휘하지 못하게 마련입니다. 바로 기독교 세계관이 그런 길을 걸었던 것입니다.

셋째, 기독교 세계관을 언급하거나 그것에 의존하지 않아도 얼마든지 삶의 문제를 논할 수 있게 되었기 때문입니다. 기독교 세계관이 처음 소개된 1980년대에는 한국 교회 내에 보수와 진보의 양진영이 극한적으로 대치되어 있었고, 보수주의적 경향의 청년 대학생들은 여러 가지 문제로 답답해하고 있었습니다. 그 당시에는 군부 독재에 대한 반응, 학원 데모, 사회 참여 등이 주된 이슈였습니다. 게다가 그 때만 해도 달리 읽을 만한 기독교 서적의 종류가 많지 않았기 때문에, '기독교 세계관'이 소개되자 당시 20-30대의 젊은이들은 그 내용을 스펀지처럼 빨아들였고 이것이 마치 만병 통치제인 것처럼 과장된 선전을 하기 시작했습니다.

세월이 흘러 1990년대 중반에 이르자 한국 교회에는 전반적으로 보수주의적 그리스도인들이 늘어났고, 보수와 진보 사이에 여러 가지 중간 입장의 선택안들이 선을 보이게 됩니다(예를 들어, 1990년에 발간을 시작하여 90년대 중반에는 이미 어느 정도 자리를 굳힌 "복음과 상황"을 보십시오). 이제는 (내용이 무엇인지 정확히 파악되지 않는) 기독교 세계관에 관한 책을 읽지 않아도, 가정 사역, 사회 참여, 문화 활동 등이 얼마든지 가능하게 되었습니다. 따라서 기독교 세계관은 일부 그리스도인들의 관심 분야일 뿐 모든 그리스도인의 성숙과는 무관한 것으로 여겨졌습니다. 그러니 기독교 세계관에 대한 열광적 관심과 집착은 자연히 수그러들게 된 것입니다.

넷째, 기독교 세계관의 존속론과 폐기론이 팽팽히 맞섬으로써 기독교 세계관의 필요성에 대한 회의가 훨씬 더 깊어졌습니다. 기독교 세계관에 대해 회의적인 사람들이 제기하는 문제의 핵심은, 기독교 세계관의 주창자나 그 가르침을 마음에 둔 이들의 삶에 별 변화가 없다는 것입니다. 만일 기독교 세계관을 배운 이들의 삶에 변화가 찾아오면 모르겠지만 그렇지 않다면 폐기하는 것이 낫다는 급진적 견해도 생겨났습니다. 사실 2002년 "복음과 상황"을 중심으로 한 기독교 세계관 존속론과 폐기론의 대립은 바로 이런 실정의 반영이었습니다.

저는 그 당시 존속론과 폐기론 양자 모두가 논의의 핵심을 빗겨간 채 공방전을 벌이고 있는 것이 아닌가 하는 인상을 받았습니다. 왜냐하면 당시 표적의 대상이자 개혁파 세계관의 핵심인 구조와 방향 문제는 매우 피상적으로밖에 언급되지 않았을 뿐만 아니라 세계관(및 기독교 세계관)이 무엇을 의미하는지 전혀 규명이 되지 않은 채 토론이 진행되었기 때문입니다. 그러나 어쨌든 기독교 세계관은 '한물 간' 것으로 인식되었고, 대부분의 사람들에게는 오직 기독교 일각에서만 이 주제에 대해 열을 올리고 있다는 식의 인상을 남겨 주었습니다.

바로 이런 점들을 염두에 두고, 저는 성경이 명쾌하게 제시하는 기독교 세계관의 핵심을 설명하고자 합니다. 이런 설명의 이점은 최소 두 가지가 될 것입니다. 첫째, 지금 제시하는 기독교 세계관은 성경에서 이끌어내기 때문에 이해하기가 쉽다는 점입니다. 물론 세부 사항으로 가면 금방 납득이 가지 않는 설명에 부딪히는 수도 있을 것입니다. 그러나 어쨌든 기독교 세계관의 개략적 내용과 주장하는 핵심만큼은 쉽게 파악할 수 있을 것입니다. 둘째, 기독교 세계관의 핵심적인 내용을 최소화하여 제시하기 때문에 존속론자나 폐기론자나 모두 동의할 수 있다는 점입니다. 이런 의미에서 이 책을 '최소 내용의 기독교 세계관'(a minimalist version of christian world view), 아니면 '순전한 기독교 세계관'(mere christian world view, C. S. 루이스의 「순전한 기독교」를 본 딴 것)이라고 할 수 있을 것입니다.

성경으로부터의 힌트

'기독교 세계관'이라는 용어를 가장 쉽게 이해하는 길은 이 말의 구성 요소를 분해함으로써 가능합니다. 매우 상식적이고 자명한 설명이지만, 기독교 세계관에는 세 가지 요소가 있습니다.

첫째, 기독교 세계관은 우선 '관'(觀)입니다. 관이라는 것은 무엇인가를 본다는 뜻입니다. 좀더 전문적으로 말하자면 '지각함'(to perceive)인데, 여기에는 신체 기관을 통한 지각과 마음을 통한 지각 모두가 포함됩니다. 따라서 본다는 것은 눈으로 보는 일과 마음(혹은 마음의 눈)으로 보는 일(엡 1:18 참조)을 말합니다. 그렇다면 무엇을 보는 것입니까? 이 질문에 대한 답변은 우리를 자연스레 두 번째 요소로 인도합니다.

둘째, 기독교 세계관은 '세계'를 보는 일입니다. 기독교 세계관에서 보는 대상은 '세계'입니다. 이 세계가 세상 사람들일 수도 있고 우주를 포함한 자연 세계일 수도 있으며 심지어 정치계(정치 '세계')나 연예계(연예 '세계')일 수도 있지만, 어쨌든 그 대상은 세계입니다. 세계관은 이처럼 존재하는 모든 세계를 눈으로 또 마음으로 보는 일입니다.

셋째, 기독교 세계관은 결국 세계를 '기독교적'으로 보는 마음의 자세/행위입니다. 인간은 누구나 자신이 살고 있는 환경에 대해 특정한 관점을 가지고 바라보며 해석합니다. 정상적인 사람이면서 이러한 신체적·정신적 활동을 하지 않는 이는 존재하지 않습니다. 어떤 이는 세계를 힌두교적으로 봅니다. 또 어떤 이는 경제 세계를 마르크스주의의 관점에서 조망합니다. 마찬가지로 기독교 세계관에서는 이 세계를 기독교적으로 조망합니다. 따라서 이 세 가지 요소('관', '세계', '기독교적')가 바로 기독교 세계관의 요체가 됩니다.

그렇다면 이러한 기독교 세계관의 핵심 내용을 좀더 자세히 살피려면 성경의 어느 부분에서 도움을 받을 수 있을까요? 실상 기독교 세계관의 내용은 성경 전체에서 이끌어내야 하지만, 그 핵심적 내용만을 집중적으로 밝히는 구절을 찾을 수는 없을까요? 저는 그런 본문을 바울 서신의 한 단락에서 찾습니다. 비록 이 구절들에 '기독교 세계관'이라는 용어는 등장하지 않지만, 기독교 세계관의 구성 내용과 개념에 필요한 사항만큼은 확실히 나타납니다. 그러면 이제 그 단락부터 살펴보도록 하겠습니다.

> 그[그리스도]는 보이지 아니하시는 하나님의 형상이시요, **모든 피조물**보다 먼저 나신 이시니 **만물이 그에게서 창조되되** 하늘과 땅에서 보이는 것들과 보이지 않는 것들과 혹은 왕권들이나 주권들이나 통치자들이나 권세들이나 **만물**이 다 그로 말미암고 그를 위하여 **창조되**

었고 또한 그가 **만물**보다 먼저 계시고 **만물**이 그 안에 **함께 섰느니라**. 그는 몸인 교회의 머리시라. 그가 근본이시요 죽은 자들 가운데서 먼저 나신 이시니, 이는 친히 **만물**의 으뜸이 되려 하심이요, 아버지께서는 모든 충만으로 예수 안에 거하게 하시고 그의 **십자가의 피로** 화평을 이루사 **만물** 곧 땅에 있는 것들이나 하늘에 있는 것들이 그로 말미암아 **자기와 화목하게 되기**를 기뻐하심이라(골 1:15-20).

* [ ]는 지은이 표기

이 구절은 초대 교회에서 그리스도의 최고성(supremacy)을 노래하기 위한 찬양으로 사용되었던 것 같습니다. 여기에서 가장 많이 반복되는 단어는 "그"로서 모두 10회나 되고(15절 1회, 16절 3회, 17절 2회, 18절 2회, 20절 2회), 만일 19절의 "예수"까지 포함한다면 무려 11회로 늘어납니다. 그 다음으로 많이 나타나는 단어는 "만물"로서 15절의 "모든 창조물"까지 비슷한 종류의 단어로 묶으면 7회(16절 2회, 17절 2회, 18절 1회, 20절 1회)가 됩니다. 이 두 단어가 이렇게 많이 등장한다는 것은 결국 본문을 통해 **그리스도와 만물 사이의 관련성**을 설명하려는 의도임을 알 수 있습니다.

그런데 좀더 살펴보면 이러한 관련성을 두 가지 종류로 나누어 설명하고 있습니다. **첫째, 그가 '만물에 대해 어떤 존재인지'를 묘사하는 세 가지 표현이 있습니다.** 우선 그는 "모든 피조물보다 먼저 나신 자"(15절)입니다. 이것은 그리스도께서 시간적으로 만물 이전에 나셨다는 말이 아니라 만물에 대해 장자권(長子權)을 행사하는 분이라는 뜻입니다. 또 그리스도는 "만물보다 먼저 계신 분"(16절)입니다. 이것은 문자 그대로 그리스도께서 창조 이전부터 영원히 계신(pre-existence) 분이라는 의미입니다. 또 한 가지는 그가 "만물의 으뜸"(18절)이라는 어구입니다. 이는 그리스도께서 존재하는 모든 것 위에 지존(至尊)이 되심을 나타내는 표현입니다.

둘째, 그가 '만물에 대해 하신 어떤 일'을 묘사함으로써 만물과의 관계를 나타냅니다. 현재 우리의 관심사는 바로 이 두 번째 사항에 있습니다. 그리스도께서 만물에 대해 하시는 (그리고 하신) 바는 세 가지입니다.

(1) 그리스도는 만물을 창조하셨습니다. 이것은 16절에 두 번이나 설명 되어 있습니다. 그런데 이 만물은 영역(하늘과 땅)과 인간의 시각적 인식(보이는 것과 보이지 않는 것)을 모두 포괄하고 있습니다. 특히 바울이 보이지 않는 것들을 언급한 이후 구체적으로 천사의 계급들("보좌들", "주관들", "정사들", "권세들")을 나열하는 이유는, 그 당시 골로새 교회의 일각에서 천사를 중보자로 여겨 숭배하기에 이르렀기 때문이었습니다(골 2:18 참조). 따라서 골로새 교인들이 그토록 존귀히 여기는 천사들도 실은 그리스도의 피조물에 지나지 않는다는 것을 깨우치고자 함이었습니다.

(2) 그리스도는 만물을 창조하셨을 뿐만 아니라 창세 이래 만물을 지금까지 보존해 주고 계십니다. 이 내용은 17절 후반부, "만물이 그 안에 함께 섰느니라"라는 구절에 근거한 것입니다. "함께 섰다"라는 말은 '존속하다'라는 뜻으로서, 이는 만물이 그리스도 안에서

유지되고 있음을 가리키는 표현입니다(히 1:3에서는 만물을 "붙들다"라고 묘사합니다). 땅과 하늘에서 눈에 보이는 것들이나 눈에 보이지 않는 만상이 지금까지 유지되고 있는 것은 그리스도의 보존 활동 때문입니다.

(3) 끝으로 그리스도는 만물을 창조하고 보존하실 뿐 아니라 한 걸음 더 나아가 만물이 하나님과 화목케 되도록 하셨습니다. 이는 "그의 십자가의 피로 화평을 이루사 만물…을 그로 말미암아 자기(하나님)와 화목하게 하셨다"라고 말하는 20절에 나타나 있습니다. 인류의 조상 아담이 범죄했을 때 전 피조계는 하나님과 원수가 되었습니다. 이는 아담이 만물의 영장(창 1:26-28)으로서 범죄했으므로 그가 하나님과 원수가 되었을 때 다른 모든 피조물도 함께 하나님의 원수가 되었기 때문입니다. 이러한 원수 관계가 말끔히 청산된 것은 바로 예수 그리스도의 십자가 보혈 때문이었습니다. 그로 인해 하늘에 있거나 땅에 있거나 눈에 보이거나 보이지 않거나, 모든 피조물은 예수께서 십자가에서 흘리신 피로 하나님과 원수 관계에서 화해의 관계로 전환이 이루어졌습니다.

이상에서 밝힌 바와 같이 그리스도는 만물의 으뜸이시요 만물을 초월해 영원히 계신 분이며 만물에 대해 장자권을 행사하는 이십니다. 그런데 그가 그렇게 만물 위에 군림할 수 있는 이유는 그 자신이 만물에 대해 행하신 일 때문입니다. 다시 말해 그가 만물을 창조하시고(창조주) 지금까지 보존하시며(보존주) 하나님과의 원수 관계를 십자가의 피로 화목케 하셨기(화목주) 때문에, 그는 만물에 대해 으

뜻이 되신다는 것입니다.

　바울의 이와 같은 설명은 기독교 세계관에 의미심장한 시사점을 제공합니다. 이것을 조금 전 설명한 기독교 세계관의 세 가지 요소와 연관해서 살펴보도록 합시다. 골로새서 1:15-20에서는 세계를 "만물"이라는 말로 표현하고 있습니다. 그렇다면 그리스도인들은 이 만물을 어떻게 '보아야' 합니까? 두 말할 나위 없이 그리스도를 중심에 놓고 조망해야 합니다. 좀더 구체적으로 말하자면, 만물을 그리스도께서 행하신 바와 연관시켜야 한다는 뜻입니다. 기독교 세계관의 특징적 내용은, 만물이 그리스도에 의해 창조되었고, 만물이 그리스도에 의해 보존되고 있으며, 만물이 그리스도(의 십자가)에 의해 하나님과 화목되었다는 데 있습니다. 그러므로 우리는 이 세상의 모든 것을 그리스도께서 창조한 대상으로, 그리스도께서 보존해 온 대상으로, 그리스도께서 하나님과 화목하게 해준 대상으로 인식해야 한다는 말입니다. 만물을 이런 식으로 조망할 때 우리는 다른 모든 세계관과 결별을 고하게 될 것이며 비로소 기독교 세계관의 핵심적 특성을 드러낼 수 있게 될 것입니다.

　이제부터는 기독교 세계관의 세 가지 요소를 좀더 심층적으로 살펴보고자 합니다. 다음 장에서는 먼저 둘째 요소인 '만물'에 대해 생각해 볼 것입니다.

3. '만물'의 네 가지 범주

기독교 세계관의 대상을 '만물'로 규정하는 것은 포괄적이기는 하지만 너무 일반적이어서 사실 크게 도움이 되지 않습니다. 그래서 만물에 포함되는 대상을 몇 가지 구체적인 범주로 나누는 것이 기독교 세계관에 대한 우리의 이해에 좀더 도움이 되리라고 믿습니다. 그렇다면 만물에는 어떤 것들이 포함되고 또 만물은 어떤 범주로 나누는 것이 합당할까요?

만물에 포함되는 항목들

우선, 만물에는 **천사**들이 포함됩니다.

만물이 그에게서 창조되되 하늘과 땅에서 보이는 것들과 보이지 않는 것들과 혹은 **왕권**들이나 **주권**들이나 **통치자**들이나 권세들이나 **만**

물이 다 그로 말미암고 그를 위하여 창조되었고(골 1:16).

바울은 만물의 창조를 말하면서 그 가운데 천사들("보좌들", "주관들", "정사들", "권세들"은 천사들의 위계 질서를 지칭하는 표현)을 포함시킵니다.

만물에는 또 **인간**이 들어 있습니다.

그런즉 누구든지 사람을 자랑하지 말라. **만물**이 다 너희 것임이라. **바울**이나 **아볼로**나 **게바**나 세계나 생명이나 사망이나 지금 것이나 장래 것이나 다 너희의 것이요(고전 3:21-22).

바울은 고린도 교회의 분쟁(고전 1:11-12)이 어느 한 지도자에 대한 배타적 집착 때문임을 알고서, 그들에게 마음을 넓히라고 당부합니다. 만물이 궁극적으로 하나님의 것이기 때문에 그것은 동시에 하나님을 아버지로 모시는 모든 이들의 공통 소유이기도 하다는 것입니다(고전 3:21-23). 그리고 그 만물에는 인간 지도자들도 포함되어 있습니다. 모든 인간 지도자들 역시 공통의 소유이므로 어느 한 사람에게만 집착할 필요가 없다는 것입니다. 이 점을 밝히는 과정에서 바울은 인간도 만물에 포함된다고 말합니다.

또한 만물에는 천사와 인간뿐 아니라 인간 이하의 피조 세계도 포함됩니다.

주의 손으로 만드신 것을 다스리게 하시고 **만물**을 그 발 아래 두셨으니, 곧 모든 **우양과 들짐승**이며 **공중의 새**와 **바다의 물고기**와 **바닷길에 다니는 것**이니이다(시 8:6-8).

여호와께서는 **모든 것**을 선대하시며 그 지으신 모든 것에 긍휼을 베푸시는도다.···손을 펴사 **모든 생물**의 소원을 만족하게 하시나이다(시 145:9, 16).

한 세대는 가고 한 세대는 오되 **땅**은 영원히 있도다. **해**는 뜨고 해는 지되 그 떴던 곳으로 빨리 돌아가고 **바람**은 남으로 불다가 북으로 돌아가며 이리 돌며 저리 돌아 바람은 그 불던 곳으로 돌아가고 모든 **강물**은 다 **바다**로 흐르되 바다를 채우지 못하며 강물은 어느 곳으로 흐르든지 그리로 연하여 흐르느니라. **모든 만물**이 피곤하다는 것을 사람이 말로 다 말할 수 없나니 눈은 보아도 족함이 없고 귀는 들어도 가득 차지 아니하도다(전 1:4-8).

이상의 구절들을 보면 동물, 모든 생물, 자연 현상 등도 만물에 포함됨을 알 수 있습니다. 이런 것들을 총칭해 **자연**이라 부를 수 있을 것입니다.

그렇다면 만물의 범주를 천사, 인간, 자연, 이렇게 세 대상으로 규정하면 되리라고 생각할 수 있겠습니다. 그러나 저는 여기에서 좀 더 나아가 만물 가운데 두 가지 대상을 더 포함시키고자 합니다. 그

한 가지는 **문화**입니다. 문화는 상당히 다양한 의미를 가진 용어지만, 저는 '인간이 자연에 힘을 가해 창출하는 산물의 총화'라고 하겠습니다. 문화를 이렇게 규정하고 나면 이 역시 만물 가운데 하나의 범주로 간주할 수 있게 됩니다. 비록 긴 설명이 필요하기는 하지만 다음 구절에 나오는 내용을 살펴보며 생각해 봅시다.

음식으로 말미암아 하나님의 사업을 무너지게 하지 말라. **만물**이 다 깨끗하되 거리낌으로 먹는 사람에게는 악하니라(롬 14:20).

바울은 이 구절에서 음식도 만물에 포함되는 것으로 말하고 있습니다. 그런데 음식물은 자연의 범주에 포함되는 한편 동시에 문화의 범주와도 연관이 됩니다. 음식물이 자연의 범주에 속한다는 것은 그 기본 재료가 곡류, 육류, 채소, 과일 등으로서 자연 세계로부터 취한 것이기 때문입니다. 그러나 인간이 실제로 음식물을 섭취하는 상황을 보면 거기에는 최소한 세 가지 점에서 문화적 요소가 개입되어 있음을 알 수 있습니다.

첫째, 대부분의 경우 음식물은 자연의 재료를 가공해서 마련됩니다. 곡류만 하더라도 재배, 수확, 탈곡, 도정 등의 과정을 겪지 않은 채 음식물로 등장하지는 않습니다. 육류 역시 마찬가지입니다. 최소한 사육과 도축의 과정을 거치지 않은 고기붙이란 존재할 수 없습니다. 채소와 과일도 똑같이 설명할 수 있습니다.

둘째, 음식물은 조리와 요리를 통해서 인간에게 공급됩니다. 이 단계에서는 음식의 재료를 고르는 일, 요리 방식(굽거나 데치거나 삶거나 익히거나 묵히거나 하는 여러 가지 기술)의 도입, 각종 조리 기구와 식기류의 준비, 수저류의 사용 등이 중요한 사항으로 등장합니다.

셋째, 먹고 마시는 것은 사귐의 맥락에서 이루어집니다. 혼자서 식사를 하는 경우에도 문화적 요소를 완전히 제거할 수 없지만, 대부분의 식사는 가족이나 친지 혹은 초대 받은 손님과 함께 식탁을 중심으로 이루어지기 때문에 더욱 그러합니다. 이때 서로 대화를 나누고 의견을 교환하며 사귐을 갖게 되는데, 이런 관점에서 볼 때 음식물의 취식은 다분히 문화적이라고 할 수 있습니다.

이상의 세 가지 사항을 고려할 때 바울이 언급한 식물은 문화의 범주와도 긴밀히 연관되어 있음을 알 수 있습니다. 만물에는 바로 이런 '문화'도 포함된다는 것입니다. 혹자는 여기에서 이러한 성경 해석에 반론을 제기할지도 모르겠습니다. 즉 로마서 14:20에서 "거리낌으로 먹는다"고 했을 때 그것은 음식물 가운데 자연의 요소(예를 들어, 음식물의 종류)만을 이야기하는 것이지 문화적 요소(위에서 말한 세 가지 사항)와는 아무런 상관이 없지 않느냐는 것입니다. 만일 그렇다면 여기에서 말하는 '만물'에는 자연만이 포함되는 것이므로 이런 주장은 문제가 된다는 것입니다.

그러나 실상은 그렇지 않습니다. 반론의 제기자는 여기에서 중요한 점 하나를 놓치고 있습니다. 바울이 로마서를 쓰면서 고민한 것은 음식물 가운데 특히 '고기'에 대한 것이었습니다. 그런데 그 당시 모든 육류는 일단 자기들이 숭배하는 신들에게 제물로 바쳐졌다가 그 이후에야 시중에 유통되곤 했습니다. 이것은 로마 지역과 다를 바 없는 고린도 지역의 상황을 통해 알 수 있는 바입니다(고전 10:25-28). 따라서 바울이 말한 음식물은 단지 육류 자체(자연)에 대한 것이 아니라 육류가 유통되는 그 당시 독특한 방식(위에서 설명한 세 가지 문화적 요소 중 첫 번째에 속함)을 포함한 것이므로, 저의 논변은 건재하다고 할 수 있습니다.

이렇듯 만물에는 음식물도 포함이 되는데 음식물은 문화의 요소가 다분하기 때문에 문화 또한 만물의 한 가지 범주로 소개할 수 있게 됩니다.

제가 염두에 둔 마지막 항목은 바로 **사회**입니다. 역시 '사회'의 개념에 대해서도 여러 가지 말을 할 수 있지만, 저는 사회를 '둘 이상의 인간들이 맺는 상호 관계 및 그들이 구성하는 각종 집합적 실체들'이라고 규정하고자 합니다. 이런 의미에서 보자면 사회 역시 만물의 범주에 포함된다고 할 수 있습니다. 역시 약간 우회적인 증명이기는 하지만, 다음의 성구를 살펴봅시다.

> 네 구속자요 모태에서 **너를 지은 나 여호와**가 이같이 말하노라. 나는 **만물을 지은 여호와**라. 홀로 하늘을 폈으며 나와 함께한 자 없이 땅을 펼쳤고(사 44:24).

선지자가 이사야는 종종 이스라엘 백성을 단수로 지칭하곤 했습니다(사 43:1, 7, 15, 21; 44:1-2 참조). 위의 구절 가운데 "모태에서 너를 조성한 자"와 "만물을 지은 여호와"는 유사한 표현임을 알 수 있습니다. 그렇다면 여호와께서 지은 대상인 만물 속에는 이스라엘 민족역시 포함됩니다. 그러므로 만물 가운데 '민족'이 들어 있다고 주장하는 일과, 이것을 조금 확대시켜 만물 가운데 '사회'도 포함된다고 주장하는 일은 결코 무리가 아닐 것입니다.

지금까지의 설명에 의하면 만물에는 '천사', '인간', '자연', '문화', '사회'의 다섯 가지 항목이 포함됩니다. 그런데 이 가운데 '천사'는 논의에서 제외하고자 합니다. 비록 천사라는 범주도 매우 중요하기는 하지만, 적어도 여기에서 제시하고자 하는 기독교 세계관에서는 특별한 역할을 하지 않기 때문입니다. 그렇다면 결국 만물은 '인간', '자연', '문화', '사회'라는 네 가지 범주로 낙착이 됩니다.

이제 만물의 네 가지 범주를 다시 한 번 더 정리해 보기로 합시다. 먼저, **자연**은 인간 이하의 피조물을 총망라합니다. 여기에는 무생물계, 동식물계, 지구를 포함한 천체와 우주가 포함이 됩니다. **인간**은 영육의 요소가 역동적으로 교류하는 단일체로서 하나의 개인을 염두에 둔 범주입니다. **문화**는 인간이 자연에 힘을 가해 창출한 산물의 총화를 가리킵니다. **사회**는 둘 이상의 인간들이 맺는 상호관계 및 그들이 구성하는 집합적 실체를 총망라합니다. 아담의 경우 그가 짐승의 이름을 지었을 때(창 2:19-20) 분명 문화 활동을 한 것이지만, 아직 사회 활동을 한 것은 아니었습니다. 왜냐하면 그 때까지 그는 혼자였기 때문입니다.

물론 이 범주들 사이에는 중복이 있을 수 있습니다. 예를 들어,

인간의 신체적 요소는 자연의 일부를 구성합니다. 그러나 그럼에도 불구하고 인간은 영적 실체로서 자연과 구별이 됩니다. 또 인간이 하나님의 형상으로 창조된 존재라는 것과 문화 활동 사이에는 긴밀한 연관이 있습니다. 그러나 하나님의 형상을 지닌 인간과 인간이 고유의 능력으로 산출한 문화물 사이에는 엄연한 구별이 존재합니다.

특히 문화와 사회 사이에는 중복되는 면이 상당히 많습니다. 구체적 예로서 '가정'을 들어 봅시다. 가정은 인간이 주거지를 마련하고 부부애를 나누며 자녀를 양육한다는 면에서 보면, 인간의 힘이 가해져 산출된 산물이므로 문화의 범주에 속한다고 할 수 있습니다. 그러나 동시에 구성원의 관점에서 생각하면 가정은 남편, 아내, 자녀라는 개인들의 집합적 실체이므로, 사회의 범주에 들어갑니다. 하지만 가정의 경우 문화적 측면과 사회적 측면은 엄연히 구별되기 때문에 각각의 범주는 엄연히 독립적인 것으로 설정해야 합니다. 좀 더 구별하기 쉬운 예를 든다면 '학문'(scholarship)과 '학교'(school)가 있습니다. 학문은 분명 문화의 범주에 들어가지만, 학교는 문화의 범주인 동시에 사회의 범주에 속합니다.

이처럼 중복 현상이 있기는 하지만 저는 만물 가운데 존재론적으로나 인식론적으로 구별이 가능한 네 가지 사항을 각각 자연, 인간, 문화, 사회라는 범주로 나누고자 합니다.

첫째 범주: 자연

우선 '자연'(nature)이라는 범주는 금방 성경적 근거를 찾을 수 있습니다. 비록 '자연'이라는 용어는 성경에 나타나지 않지만 제가 설명하는 개념의 범주만큼은 성경에서 얼마든지 찾아볼 수 있기 때문입니다. 자연의 범주에는 우선 우주와 지구가 포함됩니다.

오직 주는 여호와시라. **하늘과 하늘들의 하늘과 일월 성신과 땅과** 땅 위의 만물과 **바다**와 그 가운데 모든 것을 지으시고 다 보존하시오니 모든 천군이 경배하나이다(느 9:6).

하늘이 주의 것이요, **땅**도 주의 것이라. **세계**와 그 중에 충만한 것을 주께서 건설하셨나이다(시 89:11).

천지와 **바다**와 그 가운데 만물을 지으시고 살아 계신 하나님께로 돌아오게 함이라(행 14:15 하).

또 각종 동물과 그들의 활동 역시 자연의 범주에 포함될 것입니다.

하나님이 이르시되 물들은 **생물**을 번성하게 하라. 땅 위 하늘의 궁창에는 **새**가 날으라 하시고 하나님이 **큰 바다 짐승들**과 물에서 번성하여 움직이는 **모든 생물**을 그 종류대로, **날개 있는 모든 새**를 그 종류대로 창조하시니 하나님의 보시기에 좋았더라.…하나님이 이르시되 땅은 **생물**을 그 종류대로 내되 **가축**과 **기는 것**과 **땅의 짐승**을 종류대로 내라 하시니 그대로 되니라(창 1:20-21, 24).

주의 손으로 만드신 것을 다스리게 하시고 만물을 그 발 아래 두셨으니 곧 **모든 소와 양과 들짐승**이며 공중의 새와 **바다의 물고기와 바닷길에 다니는 것**이니이다(시 8:6-8).

새들이 그 속에 깃들임이여, **학**은 잣나무로 집을 삼는도다. 높은 산들은 **산양**을 위함이여, 바위는 **너구리**의 피난처로다.…**젊은 사자들**은 그들의 먹이를 쫓아 부르짖으며 그들의 먹이를 하나님께 구하다가 해가 돋으면 물러가서 그들의 굴 속에 눕고…거기에는 크고 넓은 바다가 있고 그 속에는 **생물 곧 크고 작은 동물들**이 무수하니이다. 그곳에는 배들이 다니며 주께서 지으신 **리워야단**이 그 속에서 노나이다(시 104:17-18, 21-22, 25-26).

자연의 범주에는 각종 식물 역시 포함됩니다.

하나님이 이르시되 땅은 풀과 **씨 맺는 채소**와 각기 종류대로 씨 가진 **열매 맺는 나무**를 내라 하시니 그대로 되어(창 1:11).

그가 가축을 위한 풀과 사람을 위한 **채소를** 자라게 하시며 땅에서 **먹을 것이** 나게 하셔서 사람의 마음을 기쁘게 하는 **포도주와** 사람의 얼굴을 윤택하게 하는 **기름과** 사람의 마음을 힘있게 하는 **양식을** 주셨도다. 여호와의 **나무에는** 물이 흡족함이여, 곧 그가 심은 **레바논 백향목들이로다**(시 104:14-16).

또 여러 가지 자연 현상 또한 자연의 범주에 포함되는 것으로 간주할 수 있습니다.

주께서 옷을 입음 같이 **빛을** 입으시며 **하늘을** 휘장 같이 치시며 **물에** 자기 누각의 들보를 얹으시며 **구름으로** 자기 수레를 삼으시고 **바람 날개로** 다니시며 **바람을** 자기 사신을 삼으시고 **불꽃으로** 자기 사역자를 삼으시며 **땅의** 기초를 놓으사 영원히 흔들리지 아니하게 하셨나이다. 옷으로 덮음 같이 주께서 **땅을 깊은 바다로 덮으시매 물이 산들 위로** 솟아올랐으나 주께서 꾸짖으시니 물은 도망하며 주의 **우렛소리로** 말미암아 빨리 가며 주께서 그들을 위하여 정하여 주신 곳으로 흘러갔고 **산은 오르고 골짜기는 내려갔나이다**. 주께서 **물의 경계를 정하여 넘치지 못하게 하시며 다시 돌아와 땅을 덮지 못하게 하셨나이다**(시 104:2-9).

불과 우박과 눈과 안개와 그의 말씀을 따르는 **광풍이며**(시 148:8).

3. '만물'의 네 가지 범주

이처럼 자연의 범주에는 우주와 지구, 지구 상의 동식물 및 자연 현상 모두가 포함됩니다. 저는 이런 항목들의 총화를 '자연'이라고 지칭하고 있습니다. 이런 자연 전체는 그리스도의 창조로 인해 생겨났고, 그리스도께서 보존하시기 때문에 지금까지 유지되고 있으며, 그리스도께서 십자가에서 피를 흘리심으로써 하나님과 화목을 누리게 된 것입니다.

둘째 범주: 인간

'인간'(human being) 역시 별도의 범주 구성이 어렵지 않은 것은 하나님의 창조 사역에 뚜렷이 드러나 있기 때문입니다. 성경은 모든 인간이 특히 하나님의 형상을 따라 창조되었다고 말합니다.

> 하나님이 이르시되 **우리의 형상을 따라 우리의 모양대로 우리가 사람을 만들고**…하나님이 **자기 형상 곧 하나님의 형상대로 사람을 창조하시되 남자와 여자를 창조하시고**(창 1:26, 27).

그런데 "하나님의 형상"은 전통적으로 두 가지 각도에서 파악할 수 있습니다. 하나는 '좁은 의미의 하나님 형상'이고, 또 하나는 '넓은 의미의 하나님 형상'입니다. 여기에서 좁은 의미라는 말을 쓰는 것은, 하나님 형상의 내용은, 타락과 더불어 상실되었다가 오직 그리스도 안에서만 다시 회복되는 자질들이기 때문입니다. 좁은 의미의 하나님 형상은 다음의 구절에서 발견할 수 있습니다.

> **하나님**[의 형상]**을 따라 의와 진리의 거룩함**[참된 거룩함]**으로** 지으심을 받은 새 사람을 입으라(엡 4:24).

> 새 사람을 입었으니 이는 **자기를 창조하신 이의 형상을 따라 지식에까지 새롭게 하심을 입은** 자니라(골 3:10).

이 두 구절은 모두 새 사람으로 재창조된 그리스도인의 모습을 설명하고 있습니다. 새 사람의 모습은 근본적으로 하나님의 형상을 닮은 것인데(골 3:10; 엡 4:24 참조), 그 내용은, "의"(엡 4:24)와 "거룩함"(엡 4:24)과 "참 지식"(골 3:10)입니다. 그렇다면 원래 인간은 의롭고, 거룩하며, 참 지식을 소유한 상태로 창조되었음을 알 수 있고, 이것이 바로 하나님의 형상을 닮은 바임을 또한 알 수 있습니다. 이렇게 좁은 의미의 하나님 형상은 타락과 더불어 상실되었다가 오직 예수를 믿는 이에게서만 회복이 됩니다.

그런데 성경의 가르침에 의하면 타락한 존재, 곧 구속(救贖) 받지 않은 이들 역시 하나님의 형상을 지니고 있음을 알 수 있습니다.

> 다른 사람의 피를 흘리면 그 사람의 그 피도 흘릴 것이니 이는 **하나님이 자기 형상대로 사람을 지었음이니라**(창 9:6).

이것으로 우리가 주 아버지를 찬송하고 또 이것으로 **하나님의 형상**[원래는 '모양'임]**대로 지음을 받은 사람**을 저주하나니(약 3:9).

상기한 두 구절은 분명 하나님의 백성으로 구속 받지 않은 일반 사람들을 지칭하는데, 이들 역시 하나님의 형상대로 지음 받은 존재라고 묘사하고 있음을 알 수 있습니다. 이게 어찌 된 일일까요? 바로 여기에서 신학자들은 하나님의 형상을 또 다른 각도에서도 조망해야 할 필요를 느꼈습니다. 그래서 좁은 의미의 하나님 형상과 구별되는 것으로서 넓은 의미의 하나님 형상을 언급하게 된 것입니다.

그렇다면 넓은 의미의 하나님 형상은 무엇을 그 내용으로 합니까? 이에 대한 답변은 성경의 특정한 구절이나 단락에 명시적으로 나타나 있지는 않습니다. 오히려 이 교리는 성경의 다른 교훈들로부터 추론한 바에 기초하여 형성되었습니다. 우선 인간은 타락하고 나서도 인간 이하의 존재(예를 들어, 짐승)로 변하지는 않았습니다. 인간은 여전히 종교적이고 지성을 사용하는가 하면 양심의 작용이 있고 창의력을 발휘합니다. 그렇다면 넓은 의미의 하나님 형상은 인간이 타락하고 나서도 여전히 인간다움을 유지할 수 있게 해주는 특질(비그리스도인들 역시 인간으로서의 존엄성을 지닐 수 있도록 만들어 주는 점)에서 그 핵심을 찾을 수 있을 것입니다. 다시 말해서, 넓은 의미에서의 하나님 형상은 보통 종교성/영성(spirituality), 지성(intellectuality), 도덕성(morality), 창의성(creativity) 등의 자질로 이해됩니다.

이런 네 가지 특질들이 인간에게 부여되어 있었음은 아담이 창조된 후 그에 대해 묘사한 내용이나 그가 취한 행동을 보면 알 수 있습니다. 종교성/영성은 그가 하나님과 대화하고 교제하며 하나님께 순종하도록 명령 받은 것(창 2:16)에서 나타납니다. 그에게 에덴 동산에 대한 관리와 경작의 책임이 맡겨진 것(창 2:15), 하나님과 의사소통이 가능했던 것(창 2:16-17), 동물의 이름을 지은 것(창 2:19-20)을 통해 그에게 지성이 부여되었음을 알 수 있습니다. 또 선과 악의 개념이나 자유 의지의 발휘 가능성(창 2:16-17)을 통해 그에게 도덕성이 있음을 알 수 있습니다. 그 이외에 동물의 이름을 짓고(창 2:19-20), "뼈 중의 뼈요 살 중의 살"이라는 수사법을 사용하며(창 2:23), "남자"[이쉬, $\^{i}\^{s}$]와 "여자"[이샤, $iss\bar{a}$]라는 말장난(pun, 창 2:23)이 시도된 것 등을 보면 그에게 창의성 또한 발휘되고 있음을 알 수 있습니다.

이와 같이 넓은 의미의 하나님 형상은 비록 죄로 인해 손상을 입었으나 상실된 것은 아닙니다. 인간은 타락 이후에도 여전히 종교성/영성, 지성, 도덕성, 창의성을 지니고 있고, 이것이 인간다움을 유지하도록 만드는 넓은 의미의 하나님 형상인 것입니다.

그리스도는 인간이 하나님의 형상대로 창조되도록 역사하셨을 뿐만 아니라 오늘날까지도 인간에게서 하나님의 형상이 나타나도록 보존하고 계시며, 십자가에서 피를 흘리심으로 하나님의 형상으로 지음 받은 모든 인간이 하나님과 화목할 수 있는 구속의 객관적 기초를 마련하셨습니다. 따라서 기독교 세계관은 인간을 두 가지 각도에서 바라봅니다. 우선 인간을 좁은 의미의 하나님 형상이라는 점에서 보아 복음이 필요한 존재로 인식합니다. 그러나 그와 동시에 모든 인간이 기독 신앙의 유무와 상관없이 넓은 의미의 하나님 형상을 지닌 존재이기에 그들을 존중하고 사랑하고 인격적으로 대해야 한다는 점도 염두에 두는 것입니다.

셋째 범주: 문화

'문화'(culture)의 범주는 앞의 두 가지 범주와 상당히 다릅니다. 문화는, 그 단어는 말할 것도 없고 개념조차도 성경의 어떤 구절에서 쉽사리 찾아볼 수 없기 때문입니다. 물론 몇 가지 간접적 증거를 거론할 수는 있을 것입니다. 우선 소위 말하는 문화 명령(cultural mandate)의 토대가 되는 구절을 살펴봅시다.

> 하나님이 이르시되 우리의 형상을 따라 우리의 모양대로 우리가 사람을 만들고 **그들로 바다의 물고기와 하늘의 새와 가축과 온 땅과 땅에 기는 모든 것을 다스리게 하자** 하시고 하나님이 자기 형상 곧 하나님의 형상대로 사람을 창조하시되 남자와 여자를 창조하시고 하나님이 그들에게 복을 주시며 하나님이 그들에게 이르시되 생육하고 번성하여 땅에 충만하라, **땅을 정복하라**, **바다의 물고기와 하늘의 새와 땅에 움직이는 모든 생물을 다스리라** 하시니라(창 1:26-28).

아담과 하와는 각각 땅을 정복하고 동물들을 다스리라는 명령을 받았는데, 여기에는 인간이 자연(땅, 고기, 새, 육축 등)에 대해 힘(자신에게 부여된 지성과 창의성)을 가하는 일이 포함됩니다.

아담은 이러한 문화 명령에 순종해 동물들을 다스리는데, 그 구체적인 사례 두 가지를 창세기의 첫 부분에서 발견할 수 있습니다. 우선 하나님은 아담을 에덴 동산의 동산지기로 삼으십니다.

여호와 하나님이 그 사람을 이끌어 에덴 동산에 두어 그것을 **경작하며 지키게** 하시고(창 2:15).

이 구절은 아담에게 에덴 동산을 다스리고 지키는 책임이 맡겨졌음을 보여 줍니다. 여기에서 "다스리다"는 '경작하다'(till/work)의 의미로, "지키다"는 '돌보다'(take care of/keep)라는 뜻으로 이해할 수 있습니다. 이런 책임을 완수하려면 자연히 아담은 자신의 지력과 창의력을 에덴 동산이라는 자연에 발휘하지 않을 수 없었을 것입니다. 또 하나님은 아담에게 짐승의 이름을 짓게 하는 임무를 부여하십니다.

여호와 하나님이 흙으로 각종 들짐승과 공중의 각종 새를 지으시고 **아담이 무엇이라고 부르나** 보시려고 그것들을 그에게로 이끌어 가시니 아담이 각 생물을 부르는 것이 곧 그 이름이 되었더라. **아담이 모든 가축과 공중의 새와 들의 모든 짐승에게 이름을 주니라**(창 2:19-20).

'이름'은 히브리 문화에서 독특한 의미를 가지고 있었습니다. 다른 문화에서처럼 그저 상대방을 지칭하는 기능만 하는 것이 아니고 어떤 이름으로 일컬어지는 상대방의 본질, 본성적 특성, 됨됨이를 나타내 주는 역할을 했기 때문입니다. 이런 배경에서 볼 때, 아담이 짐승의 이름을 지었다는 것은 그가 짐승들의 본질적 특성을 즉각적으로 파악했다는 뜻으로 이해할 수 있습니다. 이는 매우 놀랄만한 지적 능력을 나타내는 것으로서, 아담에게 놀라운 지력과 창의력이 있었음을 알 수 있습니다. 이렇게 각종 짐승이라는 자연물을 대상으로 하여 자신의 능력(지성과 창의성)을 발휘했으니, 이야말로 전형적인 문화적 활동이라고 할 수 있습니다.

문화 활동을 다음의 **세 가지 수준**으로 정리해 보면 문화의 발전 단계를 추적할 수 있게 됩니다. 또한 인간의 생활에 문화의 영향력이 광범위하다는 것도 인식할 수 있습니다. 제일 첫 단계는 **생존적 수준**(surviving level)인데, 이것은 인간이 자신의 생존을 위해 문화 활동을 하는 것을 말합니다. 불씨 마련, 도구 제작, 사냥 방식 개발, 음식물 보존 등이 그 예입니다. 그 다음에는 **향유적 수준**(enjoying level)이 있는데, 자기 표현의 일환으로 옷을 고른다든지, 통풍을 위해 창문의 위치를 바꾼다든지, 여름 휴가 기간에 바다 낚시를 나간다든지, 건강을 위해 조깅을 한다든지 하는 것이 그 예입니다. 마지막으로 **창출적 수준**(creating level)을 거론하고자 합니다. 이 수준에서는 과학 기술, 예술, 정치, 교육, 종교 등 고도의 창의력을 요구하는 문화 활동이 이루어지게 됩니다.

또 우리는 **문화물**[인간이 만들어 낸 비(非)자연적 창조물 전체]의 종류를 열거함으로써 문화의 범주에 속하는 항목들을 포괄적으로 살펴볼 수 있습니다. 그래서 저는 여기에 세 부류의 문화물을 제시하고자 합니다. 물론 이 세 가지 부류는 맺고 끊듯 완전히 구분이 되지 않는 수도 있고, 또 어떤 문화물의 경우에는 두 가지 부류에 걸쳐 있을 수도 있습니다. 그러나 그런 예외적 경우가 있음에도 불구하고 다음과 같이 분류하는 것이 우리의 인식과 이해에 도움이 되리라고 생각합니다.

첫째, **일상적/실용적 문화물**이 있습니다. 이것은 인간의 의식주 생활과 기타 실제적 측면을 돕기 위해 만들어진 것입니다.

우선 음식물을 준비하거나 담기 위해 필요한 것들로, 떡반죽 그릇(출 8:3), 화덕(출 8:3; 레 26:26), 솥(레 2:7; 슥 14:21), 냄비(삼하 13:9; 대상 23:29), 잔(창 40:11; 막 7:4), 주발(민 4:7; 막 7:4), 놋그릇(겔 27:13; 막 7:4), 광주리(암 8:1; 마 15:37) 등이 있습니다.

의상류와 연관된 것으로는, 치마(창 3:7; 사 47:2), 채색옷(창 37:3; 삼하 13:18), 자색옷(잠 31:22; 눅 16:19), 베옷(삿 14:12; 계 11:3), 속옷(출 28:40; 마 5:40), 겉옷(삿 8:25; 딤후 4:13), 관(冠, 겔 44:18; 슥 3:5), 띠(욥 12:21; 행 12:8), 신(출 3:5; 막 6:9), 수건(겔 23:15; 요 13:4) 등을 언급할 수 있습니다.

거처와 연관해서는, 장막(창 9:21; 히 11:9), 집(삿 11:31; 히 3:4), 성(창 4:17; 행 17:16), 궁(출 8:24; 행 23:35) 등을 들 수 있습니다.

이외에도 수레(창 45:21; 계 18:13), 병거(왕하 5:9; 행 8:28), 배(욘

1:3; 행 27:10) 등의 운송 수단, 보습(사 7:25; 욜 3:10), 쟁기(눅 9:62), 도리깨(사 28:27; 쇠스랑(삼상 13:21), 낫(신 16:9; 막 4:29), 키(사 30:24; 마 3:12)와 같은 농기구, 정(釘, 출 20:25), 삽(신 23:13; 삼상 13:20), 도끼(신 19:5; 눅 3:9), 장도리(렘 10:4), 칼(창 22:6; 행 12:2), 못(사 41:7; 겔 15:3), 낚시(욥 41:1; 마 17:27), 도가니(시 12:6; 잠 17:3), 풀무(겔 22:22; 단 3:6), 그물(잠 6:5; 마 4:18) 등의 각종 기구가 이에 속합니다.

칼(나 3:3; 계 6:4), 창(삼상 26:7; 요 19:34), 활(슥 10:4; 계 6:2), 투구(렘 46:4; 겔 38:5), 방패(삼하 1:21; 나 2:3), 갑옷(삼상 17:5; 대하 18:33) 등의 병기 역시 이 부류에 속하는 문화물입니다.

현대에는 각종 가전 제품, 주방 용품, 상비 약품, 의료 용품 등이 일상적/실용적 문화물로 분류될 수 있을 것입니다.

둘째, **향유적/창작적 문화물**을 거론하지 않을 수 없습니다. 이 부류의 문화물은 인간의 삶을 좀더 즐기기 위하여 또 문화·예술적으로 더욱 풍요롭게 만들기 위하여 산출된 것들입니다.

우선 향냄새를 위한 물품들로서, 향품(왕상 10:2; 눅 24:1), 향료(사 39:2; 계 18:13), 향유(마 26:7; 계 18:13), 유향(사 60:6; 마 2:11), 몰약(아 1:13; 마 2:11), 계피(잠 7:17; 계 18:13), 침향(아 4:14; 요 19:39), 육계(출 30:23; 시 45:8) 등이 있습니다.

또 각종 장신구 역시 빼놓을 수 없는 품목인데, 너울(아 4:1; 사 3:23)/면박(面帕, 창 24:65; 사 47:2), 망사(사 3:18), 금고리(창 24:22; 잠 25:12), 코고리(사 3:21; 겔 16:12), 귀고리(출 35:22; 호 2:13), 금사슬(잠 1:9; 단 5:29), 인장 반지(창 41:42; 민 31:50), 손목고리(창 24:22; 민

31:50), 팔목고리(사 3:19), 발목고리(민 31:50; 사 3:18), 거울(사 3:23; 고전 13:12) 등이 있습니다.

보석류 역시 이 부류의 문화물에 속하는데, 성경에는 황금(겔 27:22; 마 2:11), 은(왕상 7:51; 계 18:12), 진주(잠 31:10; 딤전 2:9), 수정(욥 28:18; 계 21:11), 황옥(아 5:14; 단 10:6), 홍보석(욥 28:18; 사 54:12), 호마노(창 2:12; 출 28:20), 청옥(아 5:14; 애 4:7), 석류석(출 28:18; 사 54:12), 금강석(렘 17:1; 겔 28:13), 남보석(출 28:18; 겔 27:16), 벽옥(출 39:13; 계 4:3), 녹주옥(출 28:17; 39:10), 호박(출 28:19; 39:12), 자수정(출 28:19; 39:12) 등이 등장합니다.

향유적/창작적 문화물 가운데에는 악기 역시 반드시 포함되어야 하는데, 수금(창 4:21; 시 98:5)/거문고(왕하 3:15; 계 5:8), 제금(대상 16:42; 시 150:5), 양금(삼하 6:5; 단 3:7), 십현금(시 92:1), 비파(대상 15:20; 암 6:5), 현악(시 45:8; 150:4), 퉁소(창 4:21; 계 18:22)/피리(왕상 1:40; 눅 7:32), 저(flute, 삼상 10:5; 고전 14:7), 나팔(삼하 6:15; 계 18:22), 소고(출 15:20; 렘 31:4), 북(창 31:27) 등이 있습니다.

그 이외에도 시(창 4:23-24), 노래(출 15:1-18), 잠언(왕상 4:32), 논설(왕상 4:33), 애가(겔 27:2-36) 등의 창작물들도 이 범주에 포함시킬 수 있을 것입니다.

오늘날의 상황을 보면, 화장품·옷·악세사리 등의 미용 도구들, 각종 스포츠 용품들, 대중 매체(라디오, TV, 오디오·비디오 테이프, 컴퓨터 및 인터넷 등), 대중 문화(만화, 소설, 영화, 스포츠, 가요, 뮤직 비디오, 개그, 광고 등), 다양한 장르의 고급 문화(문학, 연극, 영화, 음악, 회화, 조각 등)가 이 범주에 속할 것입니다.

셋째, 끝으로 **교훈적/계도적**(啓導的) **문화물**이 있습니다. 종교적 영역에서 호교[護敎, 종교의 비합리성·비과학성을 비판하는 사람들에 대하여, 종교는 초이성(超理性)인 것이지 반이성(反理性)은 아니라고 설명하는 학문]나 선교 혹은 신앙 교육을 목적으로 하여 만든 문화물들과 정치의 영역에서 어떤 이념을 설파하고 의식화하기 위해 제작한 문화물들을 들 수 있겠습니다. 교훈적/계도적 문화물을 형태로 분류하면, (1) **문서**[율법서(신 17:18), 이스라엘 초기의 전쟁 역사(수 10:13), 누가복음(눅 1:1-4), 라오디게아에서 오는 편지(골 4:16) 등], (2) **형상**[드라빔(창 31:19), 금송아지(출 32:4), 바알(왕하 3:2)·아세라(신 16:21)·다곤(삼상 5:3)·밀곰(왕상 11:5)·그모스(왕상 11:7)·몰록(왕상 11:7) 등의 우상들, 제단(창 12:7-8)·성막(출 40:2)·산당(삼상 9:12)·성전(왕상 9:1) 등의 건축물 등], (3) **제도**[제사장 직분(출 28:1), 유월절(출 12:11), 언약(출 19:1-24:11), 왕직(삼상 8:9-17) 등]로 정리가 됩니다.

오늘날의 교훈적/계도적 문화물 역시 주로 문서(서적, 소설, 잡지 등), 형상(교회당, 사원, 회관, 학교, 병원 등), 제도(총회, 교파, 세계 연맹, 성탄절, 석탄일, 라마단 금식일 등)의 형태를 유지하고 있습니다. 그러나 그 이외에도 대중 문화나 예술 방면의 형식(영화, 소설, 드라마, 만화, 음악 등)과 개인적 수단(인터넷, 홈페이지, 블로그 등)들도 교훈적/계도적 문화물의 역할을 하고 있습니다.

이토록 다양한 문화 활동과 문화물은 근본적으로 그리스도의 창조 사역에서 비롯되었고, 그리스도께서 그런 모든 것들을 지금까지 보존해 주셨기 때문에 인간의 모든 문화적 생성 작업이 가능한 것이었습니다. 또 그리스도는 자신의 보혈을 통해 문화물이 하나님과 화목하게(문화물이 타락 이후에 멸절하든지 문화 산출의 작동 방식이 멈추거나 무질서에 빠지지 않도록 하셨다는 의미에서) 해주셨습니다.

넷째 범주: 사회

'사회'(society) 역시 그 명칭이 성경에 직접 등장하지는 않습니다. 그러나 사회를 둘 이상의 인간들이 맺는 상호 관계 및 그들이 구성하는 집합적 실체로 규정할 때, 사회는 성경을 통틀어 처음부터 끝까지 등장하는 주제일 것입니다. 그런데 이러한 사회의 기본 개념은 삼위일체 하나님에게서 존재의 뿌리를 찾아볼 수 있습니다.

> 하나님이 이르시되 **우리의 형상**을 따라 **우리의 모양**대로 **우리가** 사람을 만들고…**하나님이 자기 형상 곧 하나님의 형상대로** 사람을 창조하시되 **남자와 여자를 창조하시고**(창 1:26-27).

창세기 1:27에 의하면 하나님은 사람을 창조하시되, "남자와 여자"를 창조하셨습니다. 이것은 26절이나 27절에 나오는 바 "사람"이라는 창조 대상을 부연해서 설명한 것으로 볼 수 있습니다. 그런데 "하나님의 형상"을 거론하면서 27절에서는 "자기 형상"이라는 표현을 통해 하나님이 자신을 개별자로 밝히고 있지만, 26절에서는

"우리"의 형상 및 "우리"의 모양이라고 함으로써 복수적 존재인 듯한 인상을 풍깁니다. 이에 대해서는 여러 가지 설명이 가능하지만, 저는 삼위일체 지칭론에 찬표를 던집니다. 다시 말해 창세기 1:27의 "우리"가 명시적·직접적으로는 아니지만 궁극적·간접적으로는 삼위 하나님을 가리킨다고 보는 것입니다. 그렇다면 하나님은 원래 삼위로 존재하시기 때문에 그의 형상을 따라 지음 받은 인간 역시 남자와 여자라는 관계 가운데 창조된 것으로 볼 수 있습니다.

아담과 하와가 남자와 여자라는 관계적 존재로 창조되었고 또 그것이 하나님의 형상을 반영하는 것이라면, 하나님은 삼위 사이에 어떤 관계적 특징을 공유하고 계셨던 것일까요? 안타깝게도 창세기 1:27은 아무런 언급도 하고 있지 않습니다. 그렇지만 매우 다행스럽게도 창세기 2:18-25의 내용은 이에 대해 의미 심장한 빛을 비추고 있습니다. 왜냐하면 이 단락에는 아담과 하와 사이의 관계적 특징이 세 가지로 나타나 있기 때문입니다. 첫째, 아담과 하와 사이에는 **상보성**(complementarity)이 두드러진 모습으로 나타납니다. 이것은 하나님이 아담에게 하와를 지어 주시려는 이유에 반영되어 있습니다.

> 여호와 하나님이 이르시되 사람이 혼자 사는 것이 좋지 아니하니 내가 그를 위하여 **돕는 배필**을 지으리라 하시니라(창 2:18).

하나님은 아담과 관련하여 몇 가지 사항을 말씀하십니다. 우선 아담이 홀로 있는 것이 바람직하지 않다고 판단하십니다. 그렇기 때문에 그에게 유익이 되도록 "그를 위하여" 조치를 취하겠다고 하십니다. 그 결과 아담에게는 하와라는 돕는 배필이 허락된 것입니다. "돕는 배필"(helpmate)은 서로에게 도움을 베푸는 짝으로서, 아담이 하와의 제약점을, 또 하와가 아담의 제약점을 보완해 준다는 뜻입니다.

둘째, 아담과 하와는 상호 간에 **친밀성**(intimacy)을 나누는 존재로 창조되었습니다. 이것은 아담이 하와를 보고 탄성을 발한 장면에 잘 나타나 있습니다.

> 아담이 이르되 이는 내 **뼈 중의 뼈요, 살 중의 살**이라. 이것을 남자에게서 취하였은즉 여자라 칭하리라 하니라(창 2:23).

"뼈"와 "살"은 인간의 몸을 형성하고 지탱해 주는 기본 구성 요소입니다. 이것은 부분으로 전체를 나타내는 제유법(synecdoche)의 일종으로, 결국 인간성 자체를 지칭하는 표현입니다. 따라서 어떤 대상을 향하여 "뼈 중의 뼈요, 살 중의 살"이라고 하는 것은 서로 본질(essence)을 나눈다는 말인데, 이를 통해 극도의 친밀성을 나타내고 있습니다. 이러한 본질의 공유는 단어의 형태로 보아 "남자"[이쉬, *îš*]에게서 취하였은즉 "여자"[이샤, *iššâ*]라 칭하리라는 언급에도 반영되어 있습니다. 상기 구절은 결국 연시(戀詩)의 일종으로서 오늘날의 이해대로 하자면, "오 나의 태양!", "한 송이 붉은 장미여!" 등의 표현과 유사할 것입니다. 단지 차이가 있다면 아담의 표현 내용은 방금 소개한 예들보다 친밀성의 정도가 더욱 강렬하다는 것뿐입니다.

셋째, 아담과 하와는 둘이면서도 하나를 지향하는 **합일성**(unity)의 특징을 나타내고 있습니다. 이것은 24절이 나타내고자 하는 핵심적 아이디어입니다.

> 이러므로 남자가 부모를 떠나 그의 아내와 **합하여 둘이 한 몸을 이룰 지로다**(창 2:24).

이 구절은 실상 아담과 하와보다는 그 후손들에게 더 적합한 말입니다. 왜냐하면 아담과 하와는 인간 부모를 가지고 있지 않았기 때문입니다. 그럼에도 불구하고 아담-하와나 인류 후손 사이에 공통적 사항이 있는데 그것이 바로 '합일성'이라는 특징입니다. '연합하다'라는 동사는 '달라붙다', '굳게 결합하다'의 뜻으로서 구체적이고 물리적인 밀착 행위를 의미합니다. 이것은 그 다음에 나오는 "둘이 한 몸을"에서 더욱 심화됩니다. 아담과 하와는 분명 별개의 존재며 두 명의 인간이지만 하나의 단위를 이루게 된다는 말입니다. 물론 이 '하나 됨'은 심리적인 것이고 존재론적인 것은 아니지만, 둘 사이의 관계가 어떠해야 함을 보여 주는 매우 강렬한 묘사라고 할 수 있습니다.

이처럼 아담과 하와 사이의 관계적 특성이 상보성, 친밀성, 합일성에 있다고 할 때, 우리는 하나님의 삼위 사이에도 이러한 특질들이 존재하고 있음을 추론할 수 있습니다. 성부, 성자, 성령도 서로 간에 상보적(물론 이 때 이 '상보성'은 신성 내의 각각의 위가 인간처럼 어떤 면에서 부족하든지 결여되어 있다는 뜻이 아니고, 각 위는 다른 두 위의 존재를 필연적으로 함의한다는 의미에서의 '상보성'입니다)인 존재요, 친밀성을 나누는 존재요, 셋이면서도 하나인 존재라는 뜻입니다. 그렇다면 삼위 하나님은 원래부터 복수적 존재로서 각 위 사이에 상보성, 친밀성, 합일성을 나타내고 계셨기 때문에 그의 형상을 따라 지음 받은 아담과 하와에게도 상보성, 친밀성, 합일성이 반영되어 있었다는 말입니다.

그런데 여기에 등장하는 아담과 하와가 '남자'와 '여자'로서 한 가정의 기본 단위이기도 하지만, 더욱 근본적으로는 '나'와 '너'로서 사회의 기본 단위임을 또한 잊지 말아야 합니다. 이렇듯 인간의 모든 개인 관계와 사회적 실체는 그 존재의 뿌리를 하나님 안에 가지고 있기 때문에 구성원들 사이에 상보성, 친밀성, 합일성을 나타내는 것이 마땅하다고 할 수 있습니다.

그러면 성경은 사회라는 범주 가운데 어떤 집합적 실체를 인정하고 있습니까? 저는 '가정/부부 관계', '교회/신앙 공동체', '민족/국가', '범세계적 인류 공동체'라는 네 가지 항목이 사회적 실체의 구체적 예라고 생각합니다.

우선 **가정/부부 관계**부터 알아봅시다. 예수께서는 이혼에 관한 질문을 받고서 혼인, 가정, 부부 관계의 근본 취지를 다음과 같이 밝히십니다.

예수께서 대답하여 이르시되 **사람을 지으신 이가** 본래 그들을 **남자와 여자로 지으시고 말씀하시기를 그러므로 사람이 그 부모를 떠나서 아내에게 합하여 그 둘이 한 몸이 될지니라** 하신 것을 읽지 못하였느냐? 그런즉 이제 둘이 아니요, **한 몸**이니 그러므로 **하나님이 짝지어 주신 것**을 사람이 나누지 못할지니라 하시니(마 19:4-6).

이 구절에서 우리의 눈길을 끄는 것은 가정과 부부 관계의 기원 및 출발이 바로 하나님의 의도(divine intent)에 있다는 점입니다. 가정은 결코 진화의 산물이거나 인간끼리의 합의에 기초한 편의적 방침이 아니라 인간을 창조하신 하나님의 아이디어에서 비롯된 것입니다.

그런데 가정/부부 관계의 이상적 모습은 다음 세 가지 특징에 담겨 있습니다. 첫째는 친밀성으로서 이는 "남자와 여자"(4절)라는 어구에 나타납니다(이 구절은 창 1:27 및 2:23의 복합적 인용입니다). 둘째는 합일성으로서 "아내에게 합하여"(5절), "한 몸"(5, 6절)에 반영되어 있습니다. 셋째는 상보성으로서 무엇보다도 "짝지어 주신"이라는 어구에 나타나는데 이는 창세기 2:18의 "돕는 배필"에서 연유된 표현임을 바로 알 수 있습니다.

그 다음으로 **교회/신앙 공동체**에 대해서 살펴 보겠습니다. 사도 바울은 유대인과 이방인이 그리스도의 십자가로 인해 하나의 공동체를 형성하게 된 경위를 다음과 같이 설명합니다.

이제는 전에 멀리 있던 너희가 그리스도 예수 안에서 그리스도의 피로 **가까워졌느니라.** 그는 우리의 화평이신지라. **둘로 하나를 만드사 원수 된 것 곧 중간에 막힌 담을 자기 육체로 허시고** 법조문으로 된 계명의 율법을 폐하셨으니 이는 **이 둘로** 자기 안에서 **한 새 사람을 지어** 화평하게 하시고 또 십자가로 **이 둘을 한 몸으로** 하나님과 화목하게 하려 하심이라. 원수 된 것을 십자가로 소멸하시고 또 오셔서 먼 데 있는 너희에게 평안을 전하시고 가까운 데 있는 자들에게 평안을 전하셨으니 이는 그로 말미암아 **우리 둘이 한 성령 안에서 아버지께 나아감**을 얻게 하려 하심이라. 그러므로 이제부터 너희는 외인도 아니요, 나그네도 아니요, 오직 **성도들과 동일한 시민**이요, **하나님의 권속**이라. 너희는 사도들과 선지자들의 터 위에 세우심을 입은 자라. 그리스도 예수께서 친히 모퉁잇돌이 되셨느니라. 그의 안에서 건물마다 **서로 연결하여** 주 안에서 성전이 되어 가고 너희도 성령 안에서 하나님의 거하실 처소가 되기 위하여 그리스도 예수 안에서 **함께 지어져 가느니라**(엡 2:13-22).

아마 이 세상에서 가장 화해하기 힘든 두 그룹이 있다면 유대인과 헬라인(이방인)이었을 것입니다. 그런데도 놀랍게도 이 둘이 예수 그리스도의 십자가와 보혈로 말미암아 하나를 이룬 것이 곧 신앙 공동체, 집합적 성전, 교회입니다. 이처럼 유대인과 이방인이 하나의 공동체를 구성하는 것은 하나님의 신비스런 계획으로서 구약에조차 나타나 있지 않았고, 이제 신약 시대에 바울과 같은 이방인의 사도를 통해 계시되었습니다(엡 3:3-9; 골 1:25-27).

이렇게 하나님의 계획과 뜻에 의해 세워진 교회 역시 가시적으로는 하나의 사회적 실체를 형성하기 때문에 그 공동체 구성원 사이에 세 가지 관계적 특징이 나타남을 발견하게 됩니다. 첫째, 친밀성의 특징이 있는데, 이는 "가까워졌다"(13절), "성도들과 동일한 시민이요 하나님의 권속이라"(19절)는 표현으로 보아 알 수 있습니다. 둘째, 합일성 또한 매우 돋보이고 있는데, "둘로 하나를 만드사 원수 된 것, 곧 중간에 막힌 담을 헒"(14절), "이 둘로…한 새 사람을 지음"(15절), "이 둘을 한 몸으로"(16절), "우리 둘이 한 성령 안에서 아버지께 나아감"(18절) 등의 표현에 구구절절이 반영되어 있습니다. 셋째, 상보성 또한 빼놓을 수 없음은 "서로 연결하여"(21절), "함께 지어져감"(22절) 등의 어구가 이런 아이디어를 나타내고 있기 때문입니다.

그 다음으로 **민족 혹은 국가** 역시 매우 중요한 사회적 실체 가운데 하나입니다. 이스라엘 민족이 다윗의 영도 하에 하나의 국가 체제를 공고히 세우고자 했는데, 바로 이런 민족/국가가 사회의 범주에 포함됩니다.

이스라엘 모든 지파가 헤브론에 이르러 다윗에게 나아와 이르되, 보소서. **우리는 왕의 한 골육이니이다.** 전에 곧 사울이 우리의 왕이 되었을 때에도 이스라엘을 거느려 출입하게 하신 분은 왕이시었고 여호와께서도 왕에게 말씀하시기를 네가 내 백성 이스라엘의 목자가 되며 네가 이스라엘의 주권자가 되리라 하셨나이다 하니라. 이에 **이스라**

엘 모든 장로가 헤브론에 이르러 왕에게 나아오매 다윗 왕이 헤브론에서 여호와 앞에 그들과 언약을 맺으매 그들이 다윗에게 기름을 부어 이스라엘 왕으로 삼으니라(삼하 5:1-3).

다윗과 이스라엘 백성 그리고 장로들이 벌인 활동과 언급 내용 속에서 우리는 하나의 민족/국가에 있어야 할 세 가지 특징을 찾아볼 수 있습니다. 첫째, 이스라엘의 모든 지파와 모든 장로는 헤브론이라는 하나의 장소에 회집하고 있습니다(1절). 이것은 무엇보다도 합일성의 특징을 잘 반영합니다. 둘째, 이스라엘의 모든 지파들은 "우리가 왕의 골육이라"고 함으로써 서로 간의 친밀성을 도모하고 있습니다. 원래 다윗은 유다 지파이고(삼하 19:12 참조) 대부분의 이스라엘 백성은 그렇지 않기 때문에, 이런 표현을 쓴다는 것은 그들 사이에 높은 수준의 친밀성이 나타나기를 염원하는 것으로 해석할 수 있을 것입니다. 셋째, 본문에 등장하는 세 부류의 사람들은 각각 자신들의 역할을 감당함으로써 민족/국가에 필요한 바 상보성의 특징을 예시하고 있습니다. 이스라엘 모든 지파는 다윗에게 왕 되기를 간청했고(2절), 이스라엘의 모든 장로들은 중간 역할(언약 체결 및 기름 부음)을 감당했으며(3절), 다윗 왕은 언약을 세우고 이스라엘 왕으로 등극했습니다(3절). 이처럼 이스라엘 민족/국가는 상보성, 친밀성, 합일성의 특징을 나타내었는데, 이런 특징들은 건강한 모습을 갈구하는 어떤 민족/국가에게도 필요한 것입니다.

끝으로 **범세계적 인류 공동체** 역시 사회의 범주에 포함되는 집합적 실체임을 밝히고자 합니다. 이 점은 바울이 아덴 사람들에게 전달한 아레오바고 연설을 통해 명백히 나타나 있습니다.

> **우주**[원래 의미는 '세계'임]**와 그 가운데 있는 만유를 지으신 하나님**께서는 천지의 주재시니 손으로 지은 전에 계시지 아니하시고 또 무엇이 부족한 것처럼 사람의 손으로 섬김을 받으시는 것이 아니니 이는 **만인에게 생명과 호흡과 만물을 친히 주시는 이심이라. 인류의 모든 족속을 한 혈통으로 만드사** 온 땅에 살게 하시고 **그들의 연대를 정하시며 거주의 경계를 한정하셨으니**, 이는 사람으로 혹 하나님을 더듬어 찾아 발견하게 하려 하심이로되 그는 우리 각 사람에게서 멀리 계시지 아니하도다. 우리가 그를 힘입어 살며 기동하며 존재하느니라. 너희 시인 중 어떤 사람들의 말과 같이 **우리가 그의 소생**이라 하니(행 17:24-28).

바울은 무엇보다도 하나님이 온 세상과 인간과 생명의 창조주이심(24, 25절)을 강조하고 있습니다. 또 창조주임과 동시에 모든 민족의 조성자이기도 하심(26절)을 밝힙니다. 이렇게 모든 민족(혹은 국가)은 인류 집합적 차원에서 보더라도 하나님이 만드신 사회적 실체기 때문에 그들 사이에 세 가지 관계적 특징이 나타나리라고 기대할 수 있을 것이고, 또 과연 그러함을 알 수 있습니다. 첫째, "인류의 모든 족속을 한 혈통으로 만드사"(26절)라고 하심으로써 모든 족속은 한 혈통으로부터 시작된 것임을 밝힙니다. 이것은 합일성의 특징을 드러냅니다. 둘째, 상보성의 모습 또한 나타나 있습니다. 각 민족과 국가는 시대와 지역에 있어서 하나님이 정하신 부분만을 차지합니다. 이로써 각 민족과 국가는 자신이 가진 한계를 다른 민족이나 국가와의 교류 및 교환을 통해 보충을 받게끔 하신 것입니다. 한 시대의 국가는 다른 시대의 국가, 동시대의 다른 국가로부터 배워야 합니다. 어느 지역의 민족이건 다른 시대의 민족, 동시대의 다른 민족으로부터 도움을 필요로 합니다.

셋째, 바울은 시인들의 말, 즉 길리기아의 아라투스(Aratus, 주전 약 315-240)가 지은 "패노메나"(*Phaenomena*) 및 스토아 학파의 우두머리였던 클레안테스(Cleanthes, 주전 331-233)의 시 "제우스 찬양"(*Hymn to Zeus*)을 인용하여 "우리가 신의 소생이라"(28절)라고 말하는데, 이는 분명 친밀성의 특징을 드러내는 표현이라고 하겠습니다. 이처럼 민족/국가 역시 하나님께서 창조하신 사회적 실체로서 상보성, 친밀성, 합일성을 그 특징으로 하고 있는 것입니다.

이상에서 살펴보았듯, 사회적 실체는 가정이든 교회든 민족이든 인류 공동체든 삼위 하나님의 형상을 좇아 창조되었기 때문에 상보성, 친밀성, 합일성을 그 특징으로 하고 있습니다. 사회의 범주에 들어가는 이러한 집합적 실체들이 상보성, 친밀성, 합일성을 나타내는 것은, 무엇보다도 그리스도의 창조 사역과 보존 사역에 힘입은 것이었으며, 또 그리스도 십자가의 공로에 의해 그런 사회적 실체들이 하나님과의 원수 관계에서 벗어나 화목을 누리게 되었기 때문입니다.

저는 이번 장에서 만물을 네 개의 범주(자연, 인간, 문화, 사회)로 나누었고, 각 범주에 포함되는 사항들이 모두 예수 그리스도의 창조-

보존-화목 사역 때문에 현재까지 그 역할을 다하고 있다고 밝혔습니다. 이로써 기독교 세계관의 삼대 요소 가운데 둘째 요소인 '세계'에 대한 규명이 마감되었습니다. 이제 다음 장에서는 기독교 세계관의 첫째 요소인 '기독교적'을 심층적으로 다루고자 합니다.

4. '기독교적':
창조-보존-화목

기독교 세계관의 세 가지 요소가 '관', '세계', '기독교적'임은 여러 차례에 걸쳐 설명한 바와 같습니다. 지난 장에서는 이 가운데 둘째 요소인 '만물'을 네 가지 범주로 나누어 설명했습니다. 이번 장에서는 첫째 요소인 '기독교적'이라는 것을 창조-보존-화목의 주지(motif) 하에 자세히 설명하고자 합니다.

창조-보존-화목을 고수하는 이유

골로새서 1:15-20의 가르침에 의하면, 온 만물을 기독교적으로 본다는 것은 그리스도께서 만물에 대해 행하신 바와 직접적으로 연관이 됩니다. 다시 말해서 그리스도는 만물을 창조하셨고, 지금까지 보존하고 계시며, 만물을 자신의 십자가로 하나님과 화목케 하셨습니다. 이렇게 만물을 창조-보존-화목의 관점에서 바라보는 것이 기독교 세계관의 특색이라고 할 수 있습니다.

지금 저는 그리스도께서 하신 바를 골로새서 1:15-20의 가르침에 따라 창조, 보존, 화목의 세 항목으로 소개했지만, 사실 성경의 포괄적인 가르침을 고려한다면 다른 두 가지 주지가 더 추가되어야 합니다. 바로 타락과 완성입니다. 이러한 다섯 가지 주지를 명제로 나타내면 다음과 같습니다.

A. 만물(자연, 인간, 문화, 사회)은 그리스도에 의해 **창조**되었다.

B. 만물(자연, 인간, 문화, 사회)은 **타락**했다.

C. 만물(자연, 인간, 문화, 사회)은 타락에도 불구하고 지금껏 그리스도에 의해 **보존**되고 있다.

D. 만물(자연, 인간, 문화, 사회)은 그리스도의 십자가에 의해 하나님과 **화목**되었다.

E. 만물(자연, 인간, 문화, 사회)은 그리스도의 재림 시에 온전히 **회복/완성**될 것이다.

그런데 저는 이 다섯 가지 주지를 모두 강조하지 않고 그 가운데 세 가지인 창조, 보존, 화목만을 기독교적 특색으로 내세우려 합니다. 거기에는 세 가지 이유가 있습니다.

첫째, 골로새서 1:15-20에 창조, 보존, 화목만이 나타나 있기 때문입니다. 이렇게 세 가지 주지만을 언급해도 이것이 만물에 대한 다섯 가지 주지에 손상을 입히는 것은 아닙니다. 왜냐하면 C는 B를 전제하고 있고, 또 E는 비록 우회적이지만 D에서 이끌어낼 수 있기 때문입니다. C가 B를 전제한다는 것은 자명한 일입니다. C는 그리스도의 만물 보존이 만물의 타락에도 불구하고 지속되는 사역이라고 말하는데, 그렇다면 그 말은 이미 만물이 타락했다는 사실을 인정하고 출발하는 것이기 때문입니다. 그러나 E는 어떻게 D에서 도출될 수 있을까요? 그 과정은 다음과 같습니다.

D. 만물은 그리스도의 십자가에 의해 하나님과 화목되었다.
  D_1 만물의 근본적 존재 목적은 하나님을 온전히 영화롭게 하기 위함이다(계 4:11).
  D_2 만물이 그리스도의 십자가에 의해 하나님과 화목되었지만, 현재 하나님을 온전히 영화롭게 하고 있는 것은 아니다(골 1:20; 롬 8:20, 22).
  D_3 만물이 하나님을 온전히 영화롭게 하려면 사단의 권세, 죄의 세력으로부터 해방되어야 한다(롬 8:19-22).
  D_4 그리스도께서 재림하실 때 사단의 권세와 죄의 세력은 온전히 극복될 것이다(계 20:10).
E. 만물은 그리스도의 재림 시에 온전히 회복/완성될 것이다.

따라서 E는 얼마든지 D에서 이끌어낼 수 있는 명제입니다. 그러므로 여기에서 제시하는 세 가지 주지의 틀이 B와 E를 직접적으로 이야기하지 않는다고 해서 문제가 생기는 것은 아닙니다. 따라서 저는 골로새서 1:15-20에 나타난 바대로 창조, 보존, 화목만을 기독교적 특색으로 내세우려고 합니다.

둘째, '보존'을 창조와 구별해 별도의 주지로 제시하는 것이 기독교 세계관의 독특성을 더 부각시키기 때문입니다. 이 주장을 이해하기 위해서는 약간의 배경 설명이 필요합니다. 알버트 월터스나 리처드 미들톤은 기독교 세계관의 주지를 설정할 때 창조와 보존(혹은 섭리)을 따로 구별하지 않았습니다. 그들은 창조(A)와 보존(C)을 함께 묶어 그들 나름대로 '창조'라는 하나의 주지를 형성했습니다(「창조, 타락, 구속」, 41-43면; 「그리스도인의 비전」, 57-61면).

그런데 이렇게 창조(A)와 보존(C)을 '창조'라는 하나의 주지로 묶을 때 어려움이 발생합니다. 우선 명칭의 문제가 있습니다. '창조'가 A뿐 아니라 C까지 포함한다고 하면 큰 혼란이 초래됩니다. 원래 창조는 A만을 가리키고, C는 별도의 사항으로서 섭리라 불립니다. 그런데 A와 C를 합쳐 '창조'라고 했기 때문에, 많은 사람들이 이 개념을 이해하는 데 혼란을 거듭하게 되는 것입니다.

더욱이 문제가 되는 것은 C가 A에 포함되는 바람에 섭리의 개념이 크게 약화된다는 점입니다. 사실 기독교 세계관의 핵심은 하나님이 지금도 만물을 다스리고 계시다는 것인데, C를 '창조'의 일부로 취급할 경우 하나님의 현재적 다스림에 관한 인식은 엄청나게 축소되어 버립니다. 가뜩이나 한국의 그리스도인들이 하나님의 현재적 섭리에 대해 깊이 이해하지 못하고 있는데, 이런 문제까지 겹치게 되면 '섭리'와 관련한 그들의 인식은 더욱 미궁에 빠지게 됩니다. 기독교 세계관으로 인해 하나님의 현재적 섭리가 명백히 부각되어야 하는데, 역설적이게도 오히려 정반대의 결과가 나타난 것입니다!

그런데 지금 설명처럼 기독교 세계관의 특징을 창조-보존-화목으로 설명할 경우, 이런 문제는 눈 녹듯 사라집니다. 그리스도의 보존 사역(섭리)이 창조와 별도로 (그러면서도 창조와 나란히) 뚜렷한 자리매김을 함으로써, 그리스도인의 인식에 명확한 인상을 남길 수 있기 때문입니다. 따라서 이러한 문제 해결을 위해서라도 창조-보존-화목의 틀(scheme)을 강조하는 것입니다.

셋째, 기독교 세계관을 창조-보존-화목으로 정리하면 배우는 이들이 쉽게 이해하기 때문입니다. 기독교 세계관을 소개하면서 다섯 가지 주지를 한꺼번에 밝혀 놓으면 배우는 이들(특히 처음으로 기독교 세계관에 접하는 이들)은 번거롭고 복잡하다는 느낌을 갖게 됩니다. 그렇기 때문에 먼저 창조-보존-화목으로 배우고(이것이 그들의 이해와 기억에 크게 도움이 됩니다), 필요 시에 다른 두 주지를 더 추가해서 설명할 수 있습니다. 바로 이러한 교육적 효과를 경시할 수 없기 때문에 창조-보존-화목이라는 세 가지 항목의 주지를 고집하는 것입니다.

창조: 만물은 그리스도에 의해 창조되었다

그러므로 '만물을 기독교적으로 본다'는 것은, 제일 먼저 만물이 그리스도에 의해 창조되었음을 인식하는 일입니다. 즉 만물의 네 가지 범주인 '자연', '인간', '문화', '사회'가 그리스도에 의해 창조된 바임을 끊임없이 의식하고 인정하는 것입니다. 우선 만물이 그리스도(혹은 하나님)에 의해 창조되었음을 말하는 성경의 근거를 살펴보겠습니다.

만물이 그로 말미암아 지은 바 되었으니 지은 것이 하나도 그가 없이는 된 것이 없느니라(요 1:3).

만물이 그에게서 창조되되 하늘과 땅에서 보이는 것들과 보이지 않는 것들과 혹은 왕권들이나 주관들이나 통치자들이나 권세들이나 **만물이 다 그로 말미암고 그를 위하여 창조되었고**(골 1:16).

우리 주 하나님이여, 영광과 존귀와 권능을 받으시는 것이 합당하오니 **주께서 만물을 지으신지라. 만물이 주의 뜻대로** 있었고 또 **지으심을 받았나이다**(계 4:11).

이제 만물의 각 범주가 그리스도(혹은 하나님)의 창조에 의한 것임을 살펴보도록 하겠습니다.

(1) 자연은 그리스도(혹은 하나님)께서 창조하신 것입니다. 이 자연의 범주에는 우선 우주와 천체가 포함됩니다.

오직 주는 여호와시라. **하늘과 하늘들의 하늘과 일월 성신과** 땅과 땅 위의 만물과 바다와 그 가운데 모든 것을 **지으시고** 다 보존하시오니 모든 천군이 경배하나이다(느 9:6).

우주와 그 가운데 있는 만유를 **지으신 하나님**께서는 천지의 주재시니 손으로 지은 전에 계시지 아니하시고(느 9:6).

이 모든 날 마지막에는 아들을 통하여 우리에게 말씀하셨으니 이 아들을 만유의 상속자로 세우시고 또 **그로 말미암아 모든 세계를 지으셨느니라**(히 1:2).

또 지구 안팎의 영역도 자연에 들어갑니다.

하늘이 주의 것이요, **땅**도 주의 것이라. **세계와 그 중에 충만한 것을 주께서 건설하셨나이다**(시 89:11).

이르되 여러분이여, 어찌하여 이러한 일을 하느냐. 우리도 여러분과 같은 성정을 가진 사람이라. 여러분에게 복음을 전하는 것은 이런 헛된 일을 버리고 **천지**와 **바다**와 **그 가운데 만유를 지으시고 살아 계신 하나님**께로 돌아오게 함이라(행 14:15).

그가 큰 음성으로 이르되 하나님을 두려워하며 그에게 영광을 돌리라. 이는 그의 심판의 시간이 이르렀음이니 **하늘과 땅과 바다와 물들의 근원을 만드신 이를 경배하라** 하더라(계 14:7).

그리고 빼놓을 수 없는 것이 생물(동물과 식물)입니다.

> 하나님이 이르시되 땅은 **풀과 씨 맺는 채소와** 각기 종류대로 **씨 가진 열매 맺는 나무**를 내라 하시니 그대로 되어(창 1:11).

> 하나님이 이르시되 물들은 **생물**을 번성하게 하라. 땅 위 하늘의 궁창에는 새가 날으라 하시고 **하나님이 큰 바다 짐승들과 물에서 번성하여 움직이는 모든 생물을 그 종류대로, 날개 있는 모든 새를 그 종류대로 창조하시니** 하나님이 보시기에 좋았더라.··· 하나님이 이르시되 땅은 **생물**을 그 종류대로 내되 **가축과 기는 것과 땅의 짐승**을 종류대로 내라 하시니 그대로 되니라(창 1:20-21, 24).

(2) 만물의 두 번째 범주는 인간으로서, 인간 또한 그리스도(혹은 하나님)께서 창조한 대상입니다.

> 하나님이 이르시되 우리의 형상을 따라 우리의 모양대로 **우리가 사람을 만들고** 그들로 바다의 물고기와 하늘의 새와 가축과 온 땅과 땅에 기는 모든 것을 다스리게 하자 하시고 **하나님이** 자기 형상 곧 하나님의 형상대로 **사람을 창조하시되 남자와 여자를 창조하시고**(창 1:26-27).

> **여호와 하나님이** 땅의 흙으로 사람을 지으시고 생기를 그 코에 불어

넣으시니 **사람이 생령이 되니라**(창 2:7).

그러나 우리에게는 한 하나님 곧 아버지가 계시니 만물이 그에게서 났고 우리도 그를 위하여 있고 또한 한 주 예수 그리스도께서 계시니 만물이 그로 말미암고 **우리도 그로 말미암았느니라**(고전 8:6).

(3) 만물에 해당하는 세 번째 범주는 문화입니다. 문화 역시 하나님의 창조로 존재하게 되었습니다. 그런데 여기에서 한 가지 의문을 제기할 수 있습니다. 즉 문화물이나 문화 제도가 어떻게 하나님의 창조물이냐는 것입니다. 예를 들어, 자연물이나 인간은 얼마든지 하나님의 창조물로 간주할 수 있지만, 문화물이나 문화 제도는 하나님이 직접 만드신 것이 아니기 때문입니다. 따라서 저는 창조물을 두 부류로 나누고자 합니다. 바로 '일차 창조물'과 '이차 창조물'입니다. 일차 창조물은 자연과 인간의 경우처럼 하나님이 인간 존재의 매개 없이 직접 만드신 것이고, 이차 창조물은 하나님이 인간을 매개로 하여('넓은 의미의 하나님 형상'을 구성하는 각종 능력을 통해) 존재케 하신 것들로, 문화(사회)가 그 대표적인 예입니다. 만일 인간의 창의력과 재능이 활용되지 않았다면 '문화'란 존재하지 않을 것입니다. 물론 문화적 기적이라는 것이 있어 인간의 문화적 활동을 통하지 않고도 문화물이 생성되는 경우[십계명 돌판(출 31:18; 32:16; 34:1, 28; 신 9:10; 10:2, 4), 나귀의 발언(민 22:28, 30), 벨사살이 본 손가락 글씨(단 5:5, 24-25), 오순절의 방언(행 2:4-8)]가 있기는 하지만 이것은 어디까지

나 예외적인 일입니다. 이런 의미에서 문화적 산물이나 제도를 간접 창조물이라 말할 수 있을 것입니다.

그런데 이처럼 문화적 산물이나 제도물을 간접 창조물이라고 부르는 것이 과연 성경적으로 타당할까요? 답변은 "그렇다!"입니다. 다음은 문화적 산물을 창조물로 간주하는 것에 관한 구절입니다.

> 질그릇 조각 중 한 조각 같은 자가 자기를 지으신 이와 더불어 다툴진대 화 있을진저 진흙이 토기장이에게 너는 무엇을 **만드느냐**['āsā] 또는 네가 만든 것이 그는 손이 없다 말할 수 있겠느냐(사 45:9).

진흙이 토기장이를 가리켜 "너는 무엇을 만드느냐?"라고 질문하는 내용은 "너는 무엇을 창조하느냐?"라고도 바꿀 수 있습니다. 이 경우 토기는 창조물(피조물)로 간주되는데, 바로 이 때문에 문화물 역시 하나님의 창조물이라 할 수 있는 것입니다.

하나님의 피조물로 일컬어지는 것은, 이런 문화적 실체뿐만 아니라 문화 제도의 경우도 마찬가지입니다.

> **혼인**을 금하고 **어떤 음식물**은 먹지 말라고 할 터이나 음식물은 **하나님이 지으신**[ktizō] 바니 믿는 자들과 진리를 아는 자들이 감사함으로 받을 것이니라. **하나님께서 지으신 모든 것**[ktisma]이 선하매 감사함으로 받으면 버릴 것이 없나니(딤전 4:3-4).

혼인과 음식이 가치를 지니는 것은, 그것들이 바로 하나님의 창조물이기 때문입니다. 혼인과 음식은 분명 문화 제도와 연관이 되는데, 이런 제도 또한 하나님이 창조하셨다고 말합니다. 어떤 이는 '혼인'이야 문화 제도에 속한다고 해도 '음식'은 자연물의 일종이 아니냐고 물을지 모릅니다. 이에 대해서는 이미 3장에서 자세히 밝힌 바 있습니다. 물론 인간이 취하는 음식물의 기본 재료는 문화물이 아니고 자연물입니다. 그러나 모든 음식물의 섭취는 재배나 사육, 요리 및 조리, 식사 습관, 예절 등의 문화 현상과 연관되어 이루어지므로 부분적으로는 문화적 산물이라고 할 수 있습니다. 바로 이런 의미에서 혼인과 음식은 모두 문화 제도와 관련이 있으며, 이러한 문화 제도는 하나님이 창조한 바라는 것입니다.

이러한 사실로 미루어 볼 때 문화물 역시 하나님의 창조로 말미암은 것이기 때문에, 문화는 하나님에 의해 창조된 만물의 세 번째 범주로 간주될 수 있습니다.

(4) 만물의 마지막 범주는 사회입니다. 사회는 둘 이상의 인간들이 맺는 상호 관계 및 그들이 구성하는 집합적 실체(가정, 교회, 민족, 인류 공동체)를 총망라합니다. 사회는 하나님의 창조에 힘입어 발생합니다. 사회적 실체 가운데 하나인 민족(이곳에서는 이스라엘 민족)의 예가 이 점을 잘 밝혀 줍니다.

야곱아, **너를 창조하신 여호와**께서 지금 말씀하시느니라. 이스라엘아,

너를 지으신 이가 말씀하시느니라. 너는 두려워하지 말라. 내가 너를 구속하였고 내가 너를 지명하여 불렀나니 너는 내 것이라(사 43:1).

이 백성은 내가 나를 위하여 **지었나니** 나를 찬송하게 하려 함이니라 (사 43:21).

이러한 사회적 실체의 창조 행위는 이스라엘 민족에게만 해당되지 않습니다. 다음의 성구를 살펴봅시다.

인간의 모든 **제도**[ktisis]를 주를 위하여 순종하되 혹은 위에 있는 왕이나 혹은 그가 악행하는 자를 징벌하고 선행하는 자를 포상하기 위하여 보낸 총독에게 하라(벧전 2:13-14).

지금 베드로는 왕과 백성으로 구성된 일종의 정부(government) 체제를 언급하고 있는데, 이것을 가리켜서도 '피조물'이라고 말합니다. 이는 사회적 실체 역시 하나님의 창조에 의한 것임을 밝히는 내용입니다.

지금까지 만물(자연, 인간, 문화, 사회)이 예수 그리스도(혹은 하나님)의 창조로 말미암은 것임을 밝혔는데, 이것은 기독교 세계관의 독특한 면모일 것입니다.

보존: 만물은 그리스도에 의해 보존되고 있다

만물을 기독교적으로 본다는 것의 두 번째 의미는, 그리스도께서 만물을 보존해 오셨고 지금도 보존하고 계심을 인식하는 것입니다. 다시 말해 그리스도께서 자연, 인간, 문화, 사회를 창조하셨을 뿐 아니라 창조된 이래 지금까지 보존해 오셨음을 인정하는 일입니다. 성경은 만물이 그리스도(혹은 하나님)에 의해 지탱되고 있음을 다음과 같이 주장합니다.

> 또한 그가 만물보다 먼저 계시고 **만물이 그 안에 함께 섰느니라**(골 1:17).

만물이 그리스도 안에서 "함께 서 있다"는 말은 '유지/지탱되고 있다'는 뜻입니다. 다음 표현 역시 같은 사상을 나타내고 있습니다.

> 이는 하나님의 영광의 광채시요, 그 본체의 형상이시라. 그의 능력의 말씀으로 **만물을 붙드시며** 죄를 정결하게 하는 일을 하시고 높은 곳에 계신 지극히 크신 이의 우편에 앉으셨느니라(히 1:3).

> 우리 주 하나님이시여, 영광과 존귀와 권능을 받으시는 것이 합당하오니 주께서 만물을 지으신지라. **만물이 주의 뜻대로 있었고** 또 지으심을 받았나이다(계 4:11).

이제 이러한 보존 사역을 만물의 각 범주에 따라 살펴보겠습니다.

(1) 자연은 지금까지 그리스도(혹은 하나님)의 보존에 힘입어 유지되고 있습니다. 천체와 천지의 모든 것이 다 그렇습니다.

오직 주는 여호와시라. **하늘과 하늘들의 하늘과 일월 성신과 땅과 땅 위의 만물과 바다와 그 가운데 모든 것**을 지으시고 **다 보존하시오니** 모든 천군이 주께 경배하나이다(느 9:6).

여러 가지 자연 현상은 하나님의 보존 때문에 발생합니다.

주께서 옷을 입음 같이 **빛**을 입으시며 **하늘**을 휘장 같이 치시며 **물**에 자기 누각의 들보를 얹으시며 **구름**으로 자기 수레를 삼으시고 **바람** 날개로 다니시며 **바람**을 자기 사신으로 삼으시고 **불꽃**으로 자기 사역자를 삼으시며 **땅**의 기초를 놓으사 영원히 흔들리지 아니하게 하셨나이다. 옷으로 덮음 같이 주께서 **땅을 깊은 바다로 덮으시매** 물이 **산들** 위로 솟아올랐으나 주께서 꾸짖으시니 물은 도망하며 주의 **우렛소리**로 말미암아 빨리 가며 주께서 그들을 위하여 정하여 주신 곳으로 흘러갔으며 **산은 오르고 골짜기는 내려갔나이다**. 주께서 **물의 경계를 정하여 넘치지 못하게** 하시며 **다시 돌아와 땅을 덮지 못하게** 하셨나이다(시 104:2-9).

식물의 생장과 번성도 하나님의 보존으로 말미암아 이루어집니다.

> 그가 가축을 위한 **풀**과 사람을 위한 **채소**를 자라게 하시며 땅에서 **먹을 것**이 나게 하셔서 사람의 마음을 기쁘게 하는 **포도주**와 사람의 얼굴을 윤택하게 하는 **기름**과 사람의 마음을 힘있게 하는 **양식**을 주셨도다. 여호와의 **나무**에는 물이 흡족함이여, 곧 그가 심으신 **레바논 백향목들**이로다(시 104:14-16).

동물의 활동과 생태 역시 마찬가지입니다.

> **새들**이 그 속에 깃들임이여, **학**은 잣나무로 집을 삼는도다. 높은 산들은 **산양**을 위함이여, 바위는 **너구리**의 피난처로다.…**젊은 사자들**은 그들의 먹이를 쫓아 부르짖으며 그들의 먹이를 하나님께 구하다가 해가 돋으면 물러가서 그들의 굴 속에 눕고…거기에는 크고 넓은 바다가 있고 그 속에는 **생물** 곧 **크고 작은 동물**이 무수하니이다. 그 곳에는 배들이 다니며 주께서 지으신 **리워야단**이 그 속에서 노나이다 (시 104:17-18, 21-22, 25-26).

이와 같이 자연은 그리스도(혹은 하나님)의 보존에 의해 지탱되고 있습니다.

(2) 인간 역시 그리스도(혹은 하나님)의 보존이 아니면 생명을 유지할 수 없습니다.

모든 생물의 생명과 모든 사람의 육신의 목숨이 다 그(여호와)의 손에 있느니라(욥 12:10).

도리어 자신을 하늘의 주재보다 높이며 그의 성전 그릇을 왕 앞으로 가져다가 왕[벨사살]과 귀족들과 왕후들과 후궁들이 다 그것으로 술을 마시고 왕이 또 보지도 듣지도 알지도 못하는 금, 은, 구리, 쇠와 나무, 돌로 만든 신상들을 찬양하고 도리어 **왕의 호흡을 주장하시고 왕의 모든 길을 작정하시는 하나님**께는 영광을 돌리지 아니한지라 (단 5:23).

우리가 그를 힘입어 살며 기동하며 존재하느니라. 너희 시인 중 어떤 사람들의 말과 같이 우리가 그의 소생이라 하니(행 17:28).

내일 일을 너희가 알지 못하는도다. 너희 생명이 무엇이냐. 너희는 잠깐 보이다가 없어지는 안개니라. 너희가 도리어 말하기를 **주의 뜻이면 우리가 살기도 하고 이것이나 저것을 하리라** 할 것이거늘(약 4:14-15).

게다가 그리스도인들의 구원은 처음부터 끝까지 그리스도의 중보 사역에 의존하고 있습니다.

> 누가 정죄하리요. 죽으실 뿐 아니라 다시 살아나신 이는 **그리스도 예수시니** 그는 하나님 우편에 계신 자요, **우리를 위하여 간구하시는 자시니라**(롬 8:34).

> 그러므로 자기를 힘입어 하나님께 나아가는 자들을 온전히 구원하실 수 있으니 이는 **그가** 항상 살아 계셔서 **그들을 위하여 간구하심이니라**(히 7:25).

이상의 가르침에서 알 수 있듯이 인간은 그리스도(혹은 하나님)의 보존 사역에 의해 그 존재를 유지하고 있는 것입니다.

(3) 문화 역시 그리스도(혹은 하나님)의 보존 없이는 지탱될 수 없습니다. 성전의 기구를 마련할 때 발휘되었던 브살렐과 오홀리압의 예술적 재능은 성령의 역사로 인해 가능했습니다.

> 여호와께서 모세에게 말씀하여 이르시되 **내가** 유다 지파 훌의 손자요, 우리의 아들인 **브살렐**을 지명하여 부르고 **하나님의 영을 그에게 충만하게 하여 지혜와 총명과 지식과 여러 가지 재주로 정교한 일을 연구하여 금과 은과 놋으로 만들게 하며 보석을 깎아 물리며 여러 가지 기술로 나무를 새겨 만들게 하라. 내가** 또 단 지파 아히사막의 아들 오홀

리압을 세워 그와 함께 하게 하며 지혜로운 마음이 있는 모든 자에게 내가 지혜를 주어 그들이 내가 네게 명령한 것을 다 만들게 할지니(출 31:1-6).

솔로몬의 학문적 성과는 하나님의 지속적 역사 덕분에 이루어질 수 있었습니다.

하나님이 솔로몬에게 지혜와 총명을 심히 많이 주시고 또 넓은 마음을 주시되 바닷가의 모래 같이 하시니…그가 **잠언 삼천 가지**를 말하였고 그의 **노래는 천 다섯 편**이며 그가 또 **초목**에 대하여 말하되 레바논의 백향목으로부터 담에 나는 우슬초까지 하고 그가 또 **짐승과 새와 기어다니는 것과 물고기**에 대하여 말한지라(왕상 4:29, 32-33).

다니엘이 느부갓네살 왕이 꾼 꿈의 내용을 알아내고 해석한 것 역시 하나님의 도우심 때문이었습니다.

다니엘이 왕 앞에 대답하여 가로되 왕이 물으신 바 은밀한 것은 지혜자나 술객이나 박수나 점쟁이가 능히 왕께 보일 수 없으되 **오직 은밀한 것을 나타내실 이는 하늘에 계신 하나님이시라**. 그가 느부갓네살 왕에게 후일에 될 일을 알게 하셨나이다. 왕의 꿈 곧 왕이 침상에서 머리 속으로 받은 환상은 이러하니이다(단 2:27-28).

하나님의 문화적 역사는 예술적 재능이나 학문적 소양 또는 뛰어난 지식에만 국한된 것이 아니고 평범한 농사법(파종 및 추수)에도 해당이 됩니다.

> **파종**하려고 가는 자가 어찌 쉬지 않고 갈기만 하겠느냐. 자기 땅을 개간하며 고르게만 하겠느냐. 지면을 이미 평평히 하였으면 **소회향**을 뿌리며 **대회향**을 뿌리며 **소맥**을 줄줄이 심으며 **대맥**을 정한 곳에 심으며 **귀리**를 그 가에 심지 아니하겠느냐. 이는 **그의 하나님이 그에게 적당한 방법을 보이사 가르치셨음이며 소회향**은 도리깨로 떨지 아니하며 **대회향**에는 수레 바퀴를 굴리지 아니하고 **소회향**은 작대기로 떨고 **대회향**은 막대기로 떨며 **곡식**은 부수는가, 아니라. 늘 떨기만 하지 아니하고 그것에 수레바퀴를 굴리고 그것을 말굽으로 밟게 할지라도 부수지는 아니하나니 **이도 만군의 여호와께로부터 난 것이라**. 그의 경영은 기묘하며 지혜는 광대하니라(사 28:24-29).

이 구절들에 나오는 인물들(브살렐·오홀리압, 솔로몬, 다니엘, 농부)은 모두 문화 활동을 펼쳤다고 할 수 있습니다. 왜냐하면 이들은 넓은 의미의 하나님 형상에 포함된 지성, 종교성, 도덕성, 창의성을 발휘하여 자연(금, 은, 놋, 나무, 초목, 짐승, 새, 곤충, 물고기, 뇌, 땅, 소회향, 소맥, 대맥, 귀리, 곡식 등)에 특정한 인공의 힘을 가했기 때문입니다. 그런데 이들이 지성, 창의성 등을 발휘하여 예술적 재능과 학문적 소양을 나타내고, 비상한 지식을 획득하며, 또 농사법을 터득한 것은, 하나님이 이러한 힘의 가능성을 부여하셨을 뿐 아니라(창조 역사) 지속적으로 그런 능력을 부으셨기(보존 역사) 때문입니다.

그런데 이러한 문화적 능력은 하나님의 백성만 국한되지 않고 하나님을 알지 못하는 이방인에게도 부여되어 있었습니다.

> 솔로몬의 지혜가 **동쪽 모든 사람의 지혜**와 **애굽의 모든 지혜**보다 뛰어난지라(왕상 4:30).

> 곧 흠이 없고 용모가 아름다우며 모든 지혜를 통찰하며 지식에 통달하며 학문에 익숙하여 왕궁에 설 만한 소년을 데려오게 하였고 그들에게 **갈대아 사람의 학문과 언어**를 가르치게 하였고(단 1:4).

> 헤롯왕 때에 예수께서 유대 베들레헴에서 나시매 **동방으로부터 박사**들이 예루살렘에 이르러 말하되, 유대인의 왕으로 나신 이가 어디 계시냐. **우리가 동방에서 그의 별을 보고** 그에게 경배하러 왔노라(마 2:1-2).

> 모세가 **애굽 사람의 모든 지혜**를 배워 그의 말과 하는 일들이 능하더라(행 7:22).

이상의 성구들을 보면 하나님은 이방인에게도 문화 활동을 할 수 있는 능력(보존의 역사)을 부여하셨음을 알 수 있습니다.

(4) 마지막으로, 사회 또한 그리스도(혹은 하나님)의 보존에 의해서만 그 본연의 모습을 지킬 수 있습니다. 그럴 때 사회적 관계가 유지되고 사회적 실체가 그 기능을 다할 수 있는 것입니다. 무엇보다도 가정은 하나님의 보존 사역에 의해서만 지탱됩니다.

여호와께서 집을 세우지 아니하시면 세우는 자의 수고가 헛되며 여호와께서 성을 지키지 아니하시면 파수군의 깨어 있음이 헛되도다(시 127:1).

신앙 공동체 역시 하나님이 보존하실 때 성장이 가능합니다.

나[바울]는 심었고 아볼로는 물을 주었으되 **오직 하나님께서 자라나게 하셨나니** 그런즉 심는 이나 물 주는 이는 아무 것도 아니로되 **오직 자라게 하시는 이는 하나님 뿐이니라**(고전 3:6-7).

국가/민족이 제대로 유지되려면 그에 적합한 권위 구조가 필요한데 이 역시 하나님의 보존 사역에 의한 것입니다.

각 사람은 위에 있는 권세들에게 복종하라. **권세는 하나님으로부터 나지 않음이 없나니 모든 권세는 다 하나님께서 정하신 바라**(롬 13:1).

온 세계가 견고히 서는 것도 하나님의 보존 사역 때문입니다.

모든 나라 가운데서 이르기를 **여호와께서 다스리시니 세계가 굳게 서고 흔들리지 않으리라.** 그가 만민을 공평히 판단하시리라 할지로다(시 96:10).

이상의 가르침과 같이 그리스도(혹은 하나님)의 보존 사역이 있어야만 모든 사회적 실체(가정, 교회, 민족, 인류 공동체)가 제대로 지탱됩니다.

지금까지 만물의 네 가지 범주(자연, 인간, 문화, 사회)는 모두 그리스도(혹은 하나님)의 보존 사역에 의해 유지되고 있음을 밝혔으며, 또 이것이 기독교 세계관의 두 번째 특징임을 강조했습니다.

화목: 만물은 그리스도에 의해 하나님과 화목하게 되었다

만물을 기독교적으로 본다는 것의 세 번째 의미는, 만물이 그리스도에 의해 하나님과 화목하게 되었다는 것을 진지하게 받아들인다는 말입니다. "만물이 하나님과 화목하게 되었다"는 진술은 "만물이 하나님과 원수가 되었다"는 것을 전제합니다. 만물이 하나님과 원수 관계에 처한 것은, 인류의 조상인 아담의 반역과 연관지어 생각할 수 있을 것입니다.

인간은 만물의 영장이고 다른 모든 피조물은 인간과의 유대 속에서 창조되었기 때문에, 피조물과 하나님의 관계에서도 인간의 역할은 매우 중요합니다. 즉 인간이 하나님과 친밀한 관계를 맺고 있으면 다른 피조물(자연, 문화, 사회)도 하나님과 우호적 관계를 맺는 것이고, 인간이 하나님을 반역하고 원수가 되면 다른 피조물(자연, 문화, 사회) 역시 하나님과 적대 관계에 빠지게 됩니다.

성경이 보여 주는 인류의 역사는 후자의 비극으로 장식되어 왔습니다. 아담은 인류의 머리로서 하나님을 반역하여 원수가 되었고, 이로 인해 다른 피조물, 곧 자연, 문화, 사회 역시 하나님과 원수 관계에 처하고 말았습니다. 그런데 예수 그리스도께서 십자가에서 피를 흘리심으로 이러한 원수 관계에 종지부를 찍으셨고, 모든 피조물, 즉 만물(자연, 인간, 문화, 사회)은 하나님과 화목하게 되어 원수 관계를 청산할 수 있게 되었습니다. 하나님은 그의 거룩성과 공의로운 성품으로 인해 원수 관계에 있는 대상에 대해 진노를 발하지 않을 수 없는데, 그리스도는 이러한 하나님의 진노를 누그러뜨리기 위하여 십자가를 지셨습니다. 속죄 사역에 있어 이런 중요한 면모를 유화(宥和, propitiation)라고 하는데, 이로써 만물은 하나님과 화목을 누릴 수 있게 되었습니다. 그런데 이처럼 만물이 하나님과 화목하게 된 것을 가르쳐 주는 구절은 성경 전체를 통틀어 단 한 곳뿐입니다.

> 그의 **십자가의 피**로 화평을 이루사 **만물** 곧 땅에 있는 것들이나 하늘에 있는 것들이 그로 말미암아 **자기와 화목하게 되기**를 기뻐하심이라 (골 1:20).

이 구절은 십자가의 피가 발휘하는 효력에 대해 매우 독특한 가르침을 줍니다. 일반적인 경우 그리스도의 보혈은 신자 개인이 하나님과의 관계에서 누리는 구속의 은혜를 설명할 때 주로 등장합니다.

> 우리가 그리스도 안에서 그의 은혜의 풍성함을 따라 **그의 피로 말미암아 속량 곧 죄 사함을 받았느니라**(엡 1:7).

또 교회 공동체를 구성함에 있어 서로 다른 그룹을 하나로 만드는 데 그리스도의 보혈이 언급되는 수도 있습니다.

> 이제는 전에 멀리 있던 너희[이방인]가 그리스도 예수 안에서 **그리스도의 피로 가까워졌느니라**. 그는 우리의 화평이신지라. 둘[이방인과 유대인]**로 하나를 만드사 원수 된 것 곧 중간에 막힌 담을 자기 육체로 허시고**(엡 1:7).

그러나 그리스도 보혈의 공로를 만물(자연, 인간, 문화, 사회)에까지 확대해서 적용하는 것은 골로새서 1:20밖에 없습니다. 그리스도의 피는 신자 각 개인의 구속을 보장해 주었고, 유대인과 이방인을 하나로 묶어 주었으며, 하나님과 원수 되었던 만물을 그 하나님과 화목될 수 있게 해주었습니다. 지금 우리가 가장 관심을 쏟는 것은 골로새서 1:20이 말하는 바 세 번째 사항인 화목입니다.

1. 하나님과의 화목 때문에 만물이 보존됨

아담이 타락했을 때 인간만 하나님과 원수 된 것(롬 5:10)이 아니고 자연 세계(자연)와 문화 세계(문화, 사회)까지 하나님과 원수가 되었습니다. 제가 누군가의 원수라고 가정할 경우, 그 대상은 저에게 두 가지 조건 가운데 최소 어느 한 가지를 행하고 싶어할 것입니다. 가장 원하는 바는, 저를 죽이거나 제거하는 것입니다(삼하 22:38; 왕상 3:11; 막 6:19 등). 만일 그렇게까지 못한다면 저의 존재(정신이나 신체)의 일부에 손상을 끼쳐 비정상적인 인간이나 폐인을 만들고자 할 것입니다(창 3:15; 삿 16:28; 시 143:3 등).

이는 하나님도 마찬가지입니다. 하나님이 인간과 다른 만물에 대해 원수가 되셨을 때, 그분은 인간과 만물을 멸절하거나, 인간과 만물의 본질적 특성을 파괴할 수 있었습니다. 그런데도 하나님은 그리스도의 십자가 때문에 만물을 멸절하시지도 않고 만물의 본질적 특성을 파괴하시지도 않았습니다. 만물은 인간의 타락 후에도 여전히 건재했고 여전히 그 기능을 다하고 있었습니다. 다음 구절은 이러한 하나님의 역사를 말해 주고 있습니다.

만물을 살게 하신 하나님 앞과 본디오 빌라도를 향하여 선한 증언을 하신 그리스도 예수 앞에서 내가 너를 명하노니(딤전 6:13).

이 구절은 하나님을 "만물을 살게 하신 분"으로 설명하고 있습니다. 여기에서 "살게 하다"라는 동사 **조오포이에오**(*zōopoieō*)는 조오스

(생명, zōos)와 **포이에오**(만들다, poieō)의 합성어로서 "생명을 주다", "살리다"의 뜻을 가지고 있습니다. 신약의 다른 곳에서는 주로 인간이 죽었다가 부활하는 것을 묘사할 때 사용되었습니다(요 5:21; 롬 4:17; 8:11; 벧전 3:18). 그렇다면 이 말은 만물을 죽은 상태에서 다시 살렸다는 것인데, 이것은 구체적으로 무슨 뜻일까요?

일단 이 어구가 창조를 의미하는 것이 아님은 명백합니다. 창조는 무에서 유를 만들어내는 것이지만, 이 구절의 경우에는 이미 존재하는 그 무엇(비록 죽어 있지만)을 다시 살리는 작업이기 때문입니다. 그렇다면 이것은 만물이 인간의 타락 때문에 하나님의 심판을 받고 멸절 혹은 혼돈 상태에 놓였으나 그리스도의 십자가 덕분에 파멸에서 면제함을 받게 되었다는 뜻으로 해석할 수 있습니다. 즉 그리스도께서 십자가에서 피흘려 죽으심으로써 하나님은 만물에 대한 원수 관계에 종지부를 찍으셨고, 이러한 그리스도의 역사로 인해 만물이 그대로 존속될 수 있게 되었다는 것입니다.

물론 그렇다고 해서 타락 이후 만물에게 아무런 변화가 찾아오지 않았다는 것은 아닙니다. 인간의 경우 영적 죽음이 찾아온다든지, 자연의 경우 인간에게 재해를 입힌다든지, 문화의 경우 악한 문화물이 생성된다든지, 사회의 경우 인간을 압제하는 사회적 실체가 형성된다든지 하는 것이 그 예입니다. 그러나 그렇다고 해도 위에서 열거한 바 멸절이나 본성의 변화 혹은 기능 정지는 일어나지 않았습니다. 바로 이것이 하나님의 원수 관계가 청산된 데 따르는 은택이라고 할 수 있고, 이것은 더 원천적으로 그리스도의 십자가 때문이라고 할 수 있는 것입니다.

이제 만물의 각 범주와 관련하여 타락 후 발생할 수 있었던 사태와 실제로 발생한 사태를 구체적으로 비교하여 정리해 보겠습니다.

A. 인간의 경우
(1) 타락 후 인간에게 일어날 수 있었던 상황
　① 인간 존재의 멸절(extinction)
　② 영원한 죽음, 곧 지옥으로 떨어짐
　③ 인간으로서의 면모와 기능이 정지됨: 넓은 의미의 하나님
　　 형상이 상실되어 짐승 같은 존재로 변함
　④ 좁은 의미의 하나님 형상을 상실함
　⑤ 넓은 의미의 하나님 형상이 훼손됨
　⑥ 영적 죽음: 하나님과의 교제가 단절됨(창 2:17; 3:8)

　　 선악을 알게 하는 나무의 열매는 먹지 말라. 네가 먹는 날에는 **반드시 죽으리라**(창 2:17).

　　 그들이 그 날 바람이 불 때 동산에 거니시는 여호와 하나님의 소리를 듣고 아담과 그의 아내가 **여호와 하나님의 낯을 피하여** 동산 나무 사이에 숨은지라(창 3:8).

　⑦ 신체적 죽음(창 3:19)

네가 흙으로 돌아갈 때까지 얼굴에 땀을 흘려야 먹을 것을 먹으리니 네가 그것에서 취함을 입었음이라. **너는 흙이니 흙으로 돌아갈 것이니라** 하시니라(창 3:19).

(2) 하나님과의 화목으로 인해 일어나지 않은 상황: ① ~ ③
(3) 하나님과의 화목에도 불구하고 발생한 바: ④ ~ ⑦

B. 자연의 경우
(1) 타락 후 자연에 일어날 수 있었던 상황
 ① 존재(자연계)의 멸절
 ② 자연 법칙이 작용하지 않음: 무질서
 ③ 자연이 인간에게 피해를 끼침(창 3:17-18; 욜 1:4; 행 28:3 참조)

아담에게 이르시되, 네가 네 아내의 말을 듣고 내가 네게 먹지 말라 한 나무 열매를 먹었은즉 **땅은 너로 말미암아 저주를 받고** 너는 네 평생에 수고하여야 그 소산을 먹으리라. 땅이 네게 **가시덤불과 엉겅퀴**를 낼 것이라. 네가 먹을 것은 밭의 채소인즉(창 3:17-18).

팥중이가 남긴 것을 **메뚜기**가 먹고 **메뚜기**가 남긴 것을 **느치**가 먹고 **느치**가 남긴 것을 **황충**이 먹었도다(창 3:17-18).

바울이 나무 한 묶음을 거두어 불에 넣으니 뜨거움으로 말미암 아 **독사**가 나와 그 손을 물고 있는지라(행 28:3).

(2) 하나님과의 화목으로 인해 일어나지 않은 상황: ① ~ ②
(3) 하나님과의 화목에도 불구하고 일어난 상황: ③

C. 문화의 경우
(1) 타락 후 문화에 일어날 수 있었던 상황
  ① 존재(문화물)의 멸절
  ② 인간이 더 이상 만물의 영장이 아니게 됨
  ③ 인간이 전혀 문화적 능력을 발휘할 수 없게 됨: 창세기 11:7 식의 현상이 극대화됨

자, 우리가 내려가서 거기서 그들의 **언어를 혼잡하게** 하여 그들이 서 로 알아듣지 못하게 하자 하시고(창 11:7).

  ④ 악한 문화의 발전(창 4:23-24; 11:3-4 참조)

라멕이 아내들에게 이르되, 아다와 씰라여, 내 목소리를 들으라. **라 멕의 아내들**이여, 내 말을 들으라. 나의 상처로 말미암아 **내가 사람을 죽였고** 나의 상함으로 말미암아 **소년을 죽였도다.** 가인을 위하여는 벌이 칠 배일진대 라멕을 위하여는 벌이 칠십칠 배이리로다 하였더

라(창 4:23-24).

서로 말하되 자 벽돌을 만들어 견고히 굽자 하고 이에 **벽돌로 돌을 대신하며 역청으로 진흙을 대신**하고 또 말하되 자 **성읍과 탑을 건설**하여 그 탑 꼭대기를 하늘에 닿게 하여 우리 이름을 내고 온 지면에 흩어짐을 면하자 하였더니(창 11:3-4).

(2) 하나님과의 화목으로 인해 일어나지 않은 상황: ① ~ ③
(3) 하나님과의 화목에도 불구하고 일어난 상황: ④

D. 사회의 경우
(1) 타락 후 사회에 일어날 수 있었던 상황
   ① 존재(사회적 관계와 사회적 실체)의 멸절
   ② 사회적 관계에서 합일성·친밀성·상보성을 전혀 이룰 수 없게 됨
   ③ 인간이 더 이상 사회적 실체를 이루지 못하게 됨
   ④ 악한 사회의 출현(겔 16:49-50; 딤전 5:8; 계 3:14, 17; 계 18:2-3 참조)

네 아우 **소돔의 죄악**은 이러하니 그와 그의 딸들에게 **교만함**과 음식물의 풍족함과 **태평함**이 있음이며 또 그가 **가난하고 궁핍한 자**를 도와주지 아니하며 거만하여 가증한 일을 내 앞에서 행하였음이

라. 그러므로 내가 보고 곧 그들을 없이 하였느니라(겔 16:49-50).

누구든지 자기 친족 특히 **자기 가족을 돌보지 아니하면 믿음을 배반한 자요, 불신자보다 더 악한 자니라**(딤전 5:8).

라오디게아 교회의 사자에게 편지하라. 아멘이시요, 충성되고 참된 증인이시요, 하나님의 창조의 근본이신 이가 이르시되…네가 말하기를 나는 부자라. 부요하여 부족한 것이 없다 하나 **네 곤고한 것과 가련한 것과 가난한 것과 눈 먼 것과 벌거벗은 것을 알지 못하는도다**(계 3:14, 17).

힘찬 음성으로 외쳐 가로되 무너졌도다. 무너졌도다. 큰 성 **바벨론**이여. 귀신의 처소와 각종 더러운 영이 모이는 곳과 각종 더럽고 가증한 새들이 모이는 곳이 되었도다. 그 음행의 진노의 포도주로 말미암아 **만국**이 무너졌으며 또 **땅의 왕들**이 그와 더불어 음행하였으며 **땅의 상인들**도 그 사치의 세력으로 치부하였도다 (계 18:2-3).

(2) 하나님과의 화목으로 인해 일어나지 않은 상황: ① ~ ③
(3) 하나님과의 화목에도 불구하고 일어난 상황: ④

하나님과 화목함으로 일어나지 않게 된 일 가운데 모든 만물의 범주에 공통된 사항은, 존재가 멸절하지 않은 것과, 존재의 근본 특성에 변화가 생기지 않은 것입니다. 다시 말해서, 인간의 타락 이후에도 만물은 그 존재를 유지했고 자연, 인간, 문화, 사회의 각 범주는 그 본연의 기능을 그대로 수행할 수 있었습니다. 바로 이것이 만물의 보존입니다. 그리스도께서 타락 이후에도 만물을 보존하실 수 있었던 것은, 바로 그가 십자가에서 흘리신 피로 인해 만물이 하나님과 원수 관계를 해결하고 화목하게 되었기 때문입니다.

2. 그리스도의 십자가: 과거를 돌아봄

그리스도의 십자가로 말미암아 만물이 멸절이나 본성의 변화를 겪지 않게 되었다고 할 때, 한 가지 떠오르는 의문이 있습니다. 만물이 타락의 영향을 받은 것은 창조의 초기인데, 그리스도의 십자가 사건은 역사상 상당한 기간이 흐른 다음에 일어나지 않았습니까? 어떻게 훗날 일어나게 될 사건이 과거에 영향을 끼칠 수 있습니까? 이 질문을 좀더 명확히 이해하기 위해서 시간의 선(timeline)을 그려 보면 다음과 같습니다.

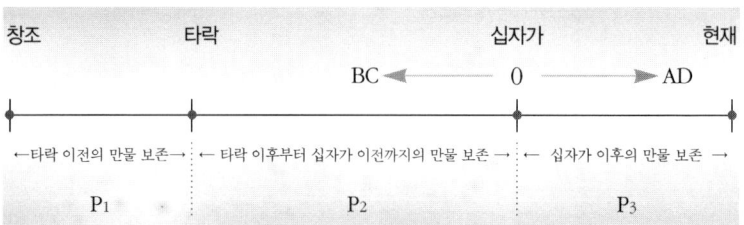

지금 우리가 문제 삼는 것은 P_1이나 P_3가 아닙니다. P_1은 타락 이

전이기 때문에 그리스도(혹은 하나님)께서 만물을 보존하셨다고 해도 전혀 문제가 되지 않습니다. P_3의 경우도 그리스도께서 십자가에서 피를 흘리신 후이므로 그리스도의 십자가로 인해 만물이 보존되었다고 말할 수 있습니다.

그러나 P_2의 경우는 전혀 다른 문제입니다. 만물의 보존은 분명히 십자가 사건 이전에 일어났고 십자가 사건은 그 후인데 어떻게 시기적으로 먼저 일어난 일이 나중 일어난 일에 영향을 받을 수 있습니까? 만일 십자가로 인해 P_2가 가능해졌다고 한다면 그것은 역(逆)인과 작용(retrocausation)으로, 우리의 기본 신념에 모순되는 일입니다.

그러나 그리스도의 십자가 덕분에 타락 이후 만물의 보존이 가능하게 되었다고 할 때, 그것을 꼭 역인과 작용으로 설명할 필요는 없습니다. 하나님은 전능하고 전지하신 분이기 때문에 자신이 작정한 바는 반드시 실행하시고, 또 자신이 미래에 어떤 사태를 일으키실지 영원 전부터 예지하십니다. 타락의 시점에서 생각해 볼 때, 하나님은 십자가의 사건을 장차 이루실 것이고 또 그렇게 되리라는 것을 타락의 시점에서도 알고 계셨습니다. 다시 말해서 비록 십자가의 사건이 발생할 것은 먼 후일이지만, 그 일을 확실히 일으키실 것이고 또 그 일이 확실히 일어날 것을 아시기 때문에 십자가를 통하여 성취될 바 하나님과의 화목을 미리 만물에 적용하실 수 있었던 것입니다. 비록 십자가의 사건은 미래에 일어날 일이지만 하나님은 그 사건이 성취할 은택을 이미 그 전(인간이 타락한 직후)부터 만물에 적용하신 것입니다.

이것은 마치 구약의 성도들이 십자가 사건 이전에 완전한 사죄의 은총을 누리게 된 경위(시 32:1-2; 롬 4:7-8)와 비슷합니다. 비록 구약의 성도들이 그리스도의 십자가를 통한 온전한 용서에 대해 완전히 알고 있지는(이것은 신약 성도들만의 특권입니다) 않았지만, 그럼에도 불구하고 그들은 하나님의 온전한 용서를 경험할 수 있었습니다. 그들이 통회하는 마음을 가지고 짐승 제사를 통해 하나님께 나아갈 때, 하나님은 먼 후일에 일어날 십자가의 구속 사역에 기초하여 그들의 믿음을 인정하고 온전한 용서를 베푸신 것이었습니다. 십자가 사건을 확실히 실현하실 하나님이 자신의 예지에 기초하여 구속의 열매를 구약의 성도들에게 적용시키신 것입니다.

이렇듯 그리스도의 십자가 사역 때문에 타락 후 만물은 하나님과의 원수 관계를 해결하고 여전히 그 존재를 보존할 수 있었던 것입니다.

3. 그리스도의 십자가: 미래를 내다봄

그리스도의 십자가는 만물이 인간의 타락 후에도 그 존재와 본질을 지탱할 수 있게끔 하나님과의 원수 관계를 청산하고 화목하도록 도움을 주었습니다. 그러나 그리스도의 십자가 사역이 만물의 과거에 대해서만 도움을 베푼 것은 아닙니다. 이에 못지 않게 고귀한(아니 이보다 훨씬 놀랍고 영광스러운) 은택은 오히려 다가올 미래에 주어질 것입니다. 이런 의미에서 그리스도의 십자가는 과거 회고적이기도 하지만 동시에 미래 지향적이기도 합니다. 십자가를 통한 하나님과의 화목은 과거와 관련해서만 은택을 가져온 것이 아니고 이제 주님의 재림 시에 일어날 바를 통해서도 그 화목의 열매를 맺게 할 것입니다. 이제 이러한 화목의 열매를 만물의 각 범주에 따라 살펴보고자 합니다.

(1) 그리스도께서 재림하실 때 자연은 전폭적인 평화(샬롬, šalôm)와 해방을 누리게 될 것입니다. 이것은 그리스도의 십자가가 이룩한 하나님과의 화목 관계가 자연계에 미침으로써 이루어질 더 없는 행복의 상태입니다. 우선 자연계 내에서 생길 변화를 알아보겠습니다.

> 그 때에 **이리가 어린 양**과 함께 살며 **표범**이 **어린 염소**와 함께 누우며 **송아지와 어린 사자와 살진 짐승**이 함께 있어 **어린 아이**에게 끌리며 **암소와 곰**이 함께 먹으며 **그것들의 새끼**가 함께 엎드리며 **사자**가 소처럼 풀을 먹을 것이며 **젖 먹는 아이**가 독사의 구멍에서 장난하며 **젖 뗀 어린 아이**가 독사의 굴에 손을 넣을 것이라. 내 거룩한 산 모든 곳에서 **해 됨도 없고 상함도 없을 것**이니 이는 물이 바다를 덮음 같이 여호와를 아는 지식이 세상에 충만할 것임이니라(사 11:6-9).

바울도 이와 같은 피조계 전체의 변화를 의인화하여 표현하고 있습니다.

피조물의 고대하는 바는 하나님의 아들들의 나타나는 것이니 피조물이 허무한 데 굴복하는 것은 자기 뜻이 아니요, 오직 굴복하게 하시는 이로 말미암음이라. 그 바라는 것은 **피조물도 썩어짐의 종노릇한 데서 해방되어** 하나님의 자녀들의 **영광의 자유에 이르는 것**이니라 (롬 8:19-21).

(2) 그리스도의 십자가로 말미암아 하나님과의 원수 관계가 청산되고 하나님과 화목을 누리게 되는 데 있어서 가장 큰 유익을 누린 대상은 물론 인간입니다. 그리스도인은 예수 그리스도의 십자가 때문에, 좁은 의미의 하나님 형상[의(엡 4:24), 거룩(엡 4:24), 참지식(골 3:10)]이 회복되었고, 영생을 누리게 되었으며(요 17:3; 요일 5:12), 구원을 받았고(엡 2:8), 그리스도와 교제하게 되었으며(고전 1:9; 요일 1:3), 그리스도의 중보 대상이 되었습니다(롬 8:34; 히 7:25).

그리스도인은 그리스도의 십자가 사역으로 인해 이미 하나님과 화목하게 되었지만 그 완성은 주님의 재림 시에 맛보게 될 것입니다.

보라, 내가 너희에게 비밀을 말하노니 우리가 다 잠 잘 것이 아니요, 마지막 나팔에 **순식간에 홀연히 다 변화하리니** 나팔 소리가 나매 **죽은 자들이 썩지 아니할 것으로 다시 살아나고 우리도 변화하리라**(고전 15:51-52).

그러나 우리의 시민권은 하늘에 있는지라. 거기로부터 구원하는 자

곧 예수 그리스도를 기다리노니 그는 만물을 자기에게 복종하게 하실 수 있는 자의 역사로 **우리의 낮은 몸을 자기 영광의 몸의 형체와 같이 변하게 하시리라**(빌 3:20-21).

(3) 그리스도의 십자가로 인해 하나님과 화목을 이룸으로써 누리는 은택이 과거뿐 아니라 미래와도 연관이 되는 것은, 문화의 범주에 있어서도 마찬가지입니다. 우선 이 세상의 모든 문화물은 주님의 재림 시 하나님의 역사로 말미암아 악의 요소가 제거되고 천국의 삶에 합당한 상태로 정화될 것입니다.

그러나 주의 날이 도둑 같이 오리니 그 날에는 하늘이 큰 소리로 떠나가고 물질이 뜨거운 불에 풀어지고 **땅과 그 중에 있는 모든 일이 드러나리로다**[혹은 타지리라](벧후 3:10).

이러한 정화 작업을 거친 모든 문화물은 새 하늘과 새 땅에 보존됩니다.

또 내가 들으니 하늘에서 음성이 나서 이르되 기록하라. 지금 이후로 주 안에서 죽는 자들은 복이 있도다 하시매, 성령이 이르시되 그러하다. 그들이 수고를 그치고 쉬리니 이는 **그들의 행한 일이 따름이라** 하시더라(계 14:13).

만국이 그 빛 가운데로 다니고 **땅의 왕들이 자기 영광을 가지고 그리로 들어가리라.**… **사람들이 만국의 영광과 존귀를 가지고 그리로 들어가겠고**(계 21:24, 26).

(4) 인간의 타락에도 불구하고 하나님과의 화목 때문에 존재가 그대로 유지된 대상 가운데 또한 사회가 있는데, 바로 이 사회 역시 십자가 사건 이전의 과거뿐 아니라 미래와 관련한 완성에 있어서도 그 열매를 누리게 됩니다. 그럼으로써 온 인류는 전쟁과 갈등을 뒤로 하고 하나가 되어 새로운 공동체를 형성할 것입니다.

끝날에 이르러는 여호와의 전의 산이 산들의 꼭대기에 굳게 서며 작은 산들 위에 뛰어나고 민족들이 그리로 몰려갈 것이라.… 그가 **많은 민족들 사이의 일을 심판하시며** 먼 곳 **강한 이방 사람을 판결하시리니 무리가 그 칼을 쳐서 보습을 만들고 창을 쳐서 낫을 만들 것이며 이 나라와 저 나라가 다시는 칼을 들고 서로 치지 아니하며 다시는 전쟁을 연습하지 아니하고**(미 4:1, 3).

일곱째 천사가 나팔을 불매 하늘에 큰 음성들이 나서 이르되 **세상 나라가 우리 주와 그의 그리스도의 나라가 되어 그가 세세토록 왕 노릇 하시리로다** 하니(계 11:15).

완성될 하나님의 나라는 가정 공동체(그리스도의 신부), 교회 공동체(하나님의 장막), 민족 공동체(하나님의 백성)를 모두 아우르는 '사회 중의 사회'가 될 것입니다.

> 또 내가 보매 거룩한 성 새 예루살렘이 하나님께로부터 하늘에서 내려오니 그 준비한 것이 **신부가 남편을 위하여** 단장한 것 같더라. 내가 들으니 보좌에서 큰 음성이 나서 이르되 보라, **하나님의 장막**이 사람들과 함께 있으매 하나님이 그들과 함께 계시리니 그들은 **하나님의 백성**이 되고 하나님은 친히 그들과 함께 계셔서(계 21:2-3).

이상에서 살펴본 바와 같이 그리스도의 십자가는 만물이 하나님과 누리게 된 화목의 열매를 주님의 재림 시에 실현할 것입니다. 이러한 은택은 만물의 각 범주인 자연, 인간, 문화, 사회 모두에 해당됩니다. 이것을 종합적으로 표현하면 다음과 같습니다.

> 보좌에 앉으신 이가 가라사대 보라, 내가 **만물을 새롭게 하노라** 하시고 또 가라사대 이 말은 신실하고 참되니 기록하라 하시고(계 21:5).

이처럼 만물에 대한 화목 사역이 기독교 세계관의 세 번째 특징이라고 할 수 있습니다.

이번 장에서는 기독교 세계관의 첫째 요소인 '기독교적'의 의미를 샅샅이 파헤쳤습니다. '기독교적'이라는 것은 결국 그리스도의 창조-보존-화목 사역을 그 특징으로 하고 있음을 알 수 있었습니다. 이제 다음 장에서는 기독교 세계관의 셋째 요소인 '보기/인식하기'를 다루고자 합니다.

5. '관'(觀): 보기/인식하기

지난 두 장에서는 기독교 세계관의 세 요소 가운데 첫째 요소(세계)와 둘째 요소(기독교적)를 살펴 보았습니다. 이제 셋째 요소인 '보기/인식하기'에 대해 알아보도록 하겠습니다.

두 종류의 '보기'

인간이 어떤 사물이나 대상을 '본다'고 할 때, 일차적으로 그것은 시각에 의한 지각(visual perception)을 의미합니다. 지각 작용은 다른 감각(청각, 촉각, 후각, 미각 등)을 통해서도 이루어질 수 있지만, 그래도 가장 큰 비중을 차지하는 것은 역시 시각입니다. 시각적 지각 작용에서 중심 역할을 하는 것은 두말할 나위 없이 눈입니다. 그래서 '눈'과 '보는 것'은 긴밀하게 연관되어 가운데 함께 등장합니다.

당신들의 눈과 내 아우 베냐민의 눈이 보는 바 당신들에게 이 말을 하는 것은 내 입이라(창 45:12).

빛은 실로 아름다운 것이라. **눈으로 해를 보는 것**이 즐거운 일이로다 (전 11:7).

제자들을 돌아보시며 조용히 이르시되, **너희가 보는 것을 보는 눈은** 복이 있도다(눅 10:23).

태초부터 있는 생명의 말씀에 관하여는 우리가 들은 바요, **눈으로 본 바요**, 자세히 보고 우리의 손으로 만진 바라(요일 1:1).

그런데 인간은 이렇게 신체적인 눈(physical eye)으로만 보는 것이 아닙니다. 때로 인간은 '마음으로도' 봅니다. 예를 들어, 꿈 꾸는 이의 경우 그의 '눈'과 그의 '보는 것'은 결코 육안이나 시각을 뜻하지 않습니다.

그 양 떼가 새끼 밸 때에 내가 꿈에 **눈을 들어 보니** 양 떼를 탄 숫양은 다 얼룩무늬 있는 것과 점 있는 것과 아롱진 것이었더라(창 31:10).

또 죽은 이후의 시각 경험 역시 육안과 무관한 것입니다.

내 가죽이 벗김을 당한 뒤에도 **내가 육체 밖에서** 하나님을 **보리라**. 내가 그를 보리니 **내 눈으로** 그를 보기를 낯선 사람처럼 하지 않을 것이라. 내 마음이 초조하구나(욥 19:26-27).

비가시적 사물을 보게 되는 것 역시 단순한 육안적 경험과 다릅니다.

그 때에 여호와께서 **발람의 눈을 밝히시매** 여호와의 사자가 손에 칼을 빼들고 길에 선 것을 그가 **보고** 머리를 숙이고 엎드리니(민 22:31).

기도하여 이르되 여호와여, 원하건대 **그의 눈을 열어서 보게 하옵소서** 하니 여호와께서 **그 청년의 눈을 여시매 그가 보니** 불말과 불병거가 산에 가득하여 엘리사를 둘렀더라(왕하 6:17).

우리의 영적 깨달음 역시 '마음의 눈'과 연관된 것입니다.

내 눈을 열어서 주의 율법에서 놀라운 것을 **보게 하소서**(시 119:18).

너희 마음의 눈을 밝히사 그의 부르심의 소망이 무엇이며 성도 안에서 그 기업의 영광의 풍성함이 무엇이며(엡 1:18).

이상에서 살펴보았듯 인간의 시각적 지각 활동은 신체 기관(눈,

뇌, 중추신경)과 정신(mind/soul)의 연계에 의해서 이루어집니다. 즉 눈으로도 보고 마음으로도 봄으로써 사물을 지각하고 인식한다는 의미입니다.

'관'(觀)의 형성

'세계관'에서 '관'은 체계화된 견해를 뜻합니다. 그런데 관이 형성되려면 '눈으로 보는 것'과 '생각해 보는 것'이 함께 있어야 합니다. 이 때 떠오르는 질문은, "그렇다면 관이 형성되어 있기 때문에 그렇게 보고 그렇게 생각하게 되는 것인가? 아니면 어떤 식으로 보고 어떤 식으로 생각하다 보니까 관이 형성되는 것인가?" 하는 것입니다. 어떤 면에서 이 질문은 닭이 먼저냐 달걀이 먼저냐 하는 것과도 비슷합니다.

인간의 지각 경험(및 사유 활동)과 관의 형성 사이에 어떤 인식론적 발전 단계가 있는지 정확히 설명하기는 사실 쉽지 않습니다. 그러나 적어도 기독교 세계관의 경우에는 다음과 같이 어느 정도 명료한 발전 단계를 제시할 수 있습니다.

1단계	이해하기(comprehension)	성경의 가르침을 통해 기독교 세계관의 내용을 배움
2단계	간직하기(retainment)	배운 바를 숙고/반추/기억
3단계	연관 짓기(correlation)	만물(자연, 인간, 문화, 사회)과 접촉하면서 그것을 그리스도의 사역(창조-보존-화목)과 연관시킴
4단계	확립하기(establishment)	기독교 세계관이 마음에 자리잡게 됨

우리의 신앙적 성숙 과정을 살펴보면, 적어도 한국의 실정에서 신앙을 형성하게 되었다고 할 때 그리스도인이 되면서부터 기독교 세계관의 내용을 숙지하게 되는 경우란 결코 존재하지 않습니다. 그래서 1단계인 '**이해하기**'의 단계가 필요한 것입니다. 즉 그리스도인이 되고 나서 기독교 세계관의 내용, 즉 이 책의 3장과 4장 내용을 제대로 배워야 한다는 것입니다. 2단계는 배운 내용을 마음에 담는 과정을 의미합니다. 이 '**간직하기**'의 단계에서는 이미 배운 내용을 되새기고 깊이 생각하여 기억의 창고에 저장해 두는 작업이 진행됩니다. 이 때 숙고나 반추의 활동이 왕성하면 왕성할수록 배운 내용을 많이 간직할 수 있고, 반대로 이런 작용을 소홀히 하면 조금밖에 간직할 수 없으므로 배운 것이 거의 기억나지 않게 됩니다.

기독교 세계관이 한 개인에게 습득되는 전체 과정에 있어서 가장 중요한 단계는 세 번째 순서인 **연관 짓기**의 단계라고 할 수 있습니다. 이 때 우리는 세상의 삶과 현실 가운데에서 하나님의 피조 세계(자연, 인간, 문화, 사회)를 눈으로 보고, 우리가 배운 그리스도의 세 가지 사역(창조, 보존, 화목)을 마음으로 떠올리며, 이 두 가지(만물과 그리스도의 사역)를 연관 짓게 됩니다. 이 단계에서는 '보기'의 두 종류(눈으로 보기, 마음으로 보기/인식하기)가 함께 어우러져 하나의 인식 작용을 이루게 됩니다. 성경은 이런 의미에서 종종 '보는 눈'과 '아는 것'을 나란히 배치하거나 서로 연관시키곤 합니다.

다윗이 사울의 머리 곁에서 창과 물병을 가지고 떠나가되 아무도 보

거나 눈치 채지 못하고 깨어 있는 사람도 없었으니 이는 여호와께서 그들로 깊이 잠들게 하셨으므로 그들이 다 잠들어 있었기 때문이었더라(삼상 26:12).

그 길은 솔개도 **알지** 못하고 매의 눈도 **보지** 못하며(욥 28:7).

또 어떤 경우에는 눈과 마음이 함께 등장하기도 합니다.

그러나 깨닫는 **마음**과 보는 **눈**과 듣는 귀는 오늘 여호와께서 너희에게 주지 아니하셨느니라(신 29:4).

그 사람이 내게 이르되 인자야, 내가 네게 보이는 그것을 **눈**으로 보고 귀로 들으며 네 **마음**으로 생각할지어다. 내가 이것을 네게 보이려고 이리로 데리고 왔나니 너는 본 것을 다 이스라엘 족속에게 전할지어다 하더라(겔 40:4).

따라서 눈으로 보는 것은 마음의 인식이나 생각과 긴밀히 연결이 됩니다.

내가 보고 생각이 깊었고 내가 보고 훈계를 받았노라(잠 24:32).

이렇듯 **연관 짓기**의 단계는 우리가 실제로 보는(인식하는) 대상(자연, 인간, 문화, 사회)과 우리가 지니고 있는 바 그리스도의 사역에 관한 가르침(창조, 보존, 화목)을 서로 연관시키는 일이 그 핵심입니다. 그런데 이러한 연관 짓기는 대체로 서로 대조되는 두 가지 방식에 의해 이루어집니다.

(1) 한 가지는 **직관적 각인**(intuitional engraving)인데, 이는 자연 세계나 문화 세계의 어떤 사건이나 현상을 목격하는 순간에 그것이 그리스도의 사역(창조, 보존, 화목)으로 인한 것임을 직관적으로 의식하고 인식하는 상태를 말합니다. 그 때 우리는 그리스도께서 만물을 창조하시고 유지하며, 또한 만물이 십자가에 의해 하나님과 화목하게 되었다는 것을 심령에 사무치도록 깨닫게 됩니다. 예를 들어, 어떤 그리스도인이 질병과 사투를 벌이며 침대에 누워 있던 중 어느 순간 갑자기 그리스도께서 그의 능력으로 자신을 유지시켜 주고 있음을 선명히 깨닫는 일이 이에 속합니다. 이것은 우리의 노력이나 통제를 벗어나는 경험으로서, 성령의 역사 가운데 다소 드문 양상(mode)이라고 할 수 있을 것입니다. 이러한 직관적 각인 방식은 그 강렬한 성격과 깊은 영향력을 장점으로 가지고 있으나, 자주 일어나는 현상이 아니고, 또 일어난다 해도 길게 지속되지는 않습니다.

(2) 또 다른 방식은 **추론적 확인**(inferential confirmation)으로서, 이것은 표현 그대로 만물의 어떤 범주를 인식하면서 그것이 그리스도

의 창조-보존-화목 사역에 의해 가능한 것임을 의식적으로 되새기는 일입니다. 대부분의 연관 짓기는 이러한 추론적 확인에 의해 이루어집니다. 이것은 직관적 각인과 달리 별 특별한 마음의 들끓음 없이 덤덤한 상태에서 행해집니다. 예를 들어, 우리가 오리너구리의 날렵한 움직임을 보면서, 혹은 현대와 고대의 건축 양식이 절묘하게 조화를 이룬 미술관 건물을 감상하면서, 저것이 그리스도의 창조에 의해 존재할 수 있었고, 그리스도의 보존에 의해 현재 그 기능을 발휘하고 있는 것이며, 그리스도의 십자가 화목에 의해 하나님과의 원수 관계를 해결하게 되었음을 찬찬히 생각하는 것입니다. 이것은 마치 구약 시대에 하나님의 명하시는 말씀을 잊지 않기 위하여 "그것을 네 손목에 매어 기호를 삼으며 네 미간에 붙여 표를 삼고 또 네 집 문설주와 바깥문에 기록하라"(신 6:8-9)고 하며 의도한 효과와 비슷합니다. 추론적 확인 방식은 그 성격이 강렬하지도 않고 순간적으로 깊은 영향을 끼치는 것도 아니지만, 반복적 노력을 통하여 기독교 세계관에 대한 확고한 견해를 형성할 수 있게 해 줍니다.

위의 두 가지 방식을 대조표로 작성하면 다음과 같습니다.

항목 \ 두 가지 방식	직관적 각인	추론적 확인
성격	갑작스레 마음 속 깊이 깨달음을 주는 일	의식적으로 연관성을 기억해 내는 일
통제성	우리의 노력이나 계획과 무관하게 발생함	우리의 노력이나 계획에 따라 이루어짐
강렬도	높음	낮음

| 지속성 | 짧음 | 계속됨 |
| 효과 | 순간적으로 깊은 인상을 남김 | 진리의 내면화를 촉진함 |

그러나 어쨌든 이렇게 직관적 각인 방식과 추론적 확인 방식이 함께 어우러지면서 연관 작용이 더 활발해집니다.

마지막 단계인 **확립하기**는 앞의 세 과정에 따른 자연스런 결과로 볼 수 있습니다. 앞의 세 단계가 정상적으로 이루어지면 그에 따라 기독교 세계관은 마음에 깊이 자리 잡게 될 것입니다. 반대로 앞의 과정 가운데 어느 하나가 빠지면, 기독교 세계관은 확립되지 않습니다. 물론 여기에서 '확립'이라고 할 때, 이 말이 '양단간에 하나'(all-or-nothing)라는 식, 즉 어떤 이가 기독교 세계관이 확립되었거나 아니면 전혀 확립되지 않았거나 하는 의미로 쓰인 것은 아닙니다. 오히려 확립은 정도(degree)를 염두에 둔 말로서, 각 그리스도인의 성숙 정도에 따라 기독교 세계관이 크게 확립된 경우도 있고 조금 덜 확립된 경우도 있다는 말입니다.

따라서 (1) 이해하기 → (2) 간직하기 → (3) 연관 짓기의 단계를 거쳐 기독교 세계관이 확립되었을 경우, 그 확립의 정도는 비교적 낮을 수 있습니다. 그런데 앞의 단계를 거듭 반복하게 되면 그러한 확립은 좀더 견고하고 좀더 신뢰할 만하게 될 수 있습니다. 그러므로 기독교 세계관이 제대로 형성되려면, (1) 이해하기 → (2) 간직하기 → (3) 연관 짓기 → (4) 확립하기의 전 단계를 몇 번에 걸쳐 반복해야 합니다. 그렇게 할 때에야 비로소 한 개인의 기독교 세계관은 바람직한 정도로까지 확립될 수 있을 것입니다.

추론적 확인 작업을 위하여

저는 앞서 기독교 세계관의 형성에 있어 가장 중요한 단계가 **연관 짓기**의 작업임을 밝힌 바 있습니다. 또 연관 짓기의 과정에는 두 가지 방식이 있고 그 중에서도 **추론적 확인**이 훨씬 중요한 역할을 한다고 말했습니다. 그렇다면 어떻게 함으로써 추론적 확인 작업을 더 용이하게 빈번히 체계적으로 이루어갈 수 있을까요? 이를 위해 종합적 도표 하나와 자기 점검을 위한 질문 목록을 보여드리고자 합니다.

1. 종합적 도표

이 도표는 쉽게 말해서 3장과 4장의 내용을 성경 구절 함께 종합적으로 정리해 놓은 것이라 할 수 있습니다.

주지	만물	자연	인간	문화	사회
창조 골 1:16		창 1:11, 20-21, 24 느 9:6 시 89:11	창 1:26-27 창 2:7 고전 8:6	사 45:9 딤전 4:3-4	벧전 2:13-14
보존 골 1:17		느 9:6 시 104:2-9	단 5:23 행 17:28 행 17:28	출 31:1-6 왕상 4:29-33 단 2:27-28 사 28:24-29	시 127:1 고전 3:6-7

	14-26	약 4:14-15 롬 8:34 히 7:25	단 1:4 왕상 3:30 마 2:1-2 행 7:22	롬 13:1 시 96:10
화목/완성 골 1:20	사 11:6-9 롬 8:19-21	고전 15:51-52 빌 3:20-21	계 14:13 계 21:24, 26	미 4:1, 3 계 11:15 계 21:2-3

2. 자기 점검을 위한 질문 목록

(1) 이미 이루어진 것: 창조

① 자연을 볼 때 그리스도(및 하나님)의 역사를 인정하는가?(창 1:11, 20-21, 24; 느 9:6; 시 89:11)

② 인간을 볼 때 하나님의 형상을 인식하는가?(창 9:6; 약 3:9)

③ 문화를 볼 때 창조계에 대한 청지기적 사명(창 1:26-28; 시 8:6-8)과 하나님의 선한 손길(딤전 4:1-5)을 끊임 없이 의식하는가?

④ 사회를 볼 때 삼위 하나님의 존재론적 뿌리를 인식하는가?(창 1:27; 2:18-25)

(2) 지금 이루어지고 있는 것: 보존/유지

① 우주 및 동식물 세계가 그리스도의 능력에 의해 유지되고 있음을 인정하는가?(느 9:6; 시 104:2-9, 14-26)

② 나의 개인적 생명이 하나님의 뜻에 달려 있음을 아는가?(약 4:15)

③ 나의 구원이 그리스도의 중보 때문에 유지되고 있음을 감사하는가?(롬 8:34; 히 7:25)

④ 비록 우리가 살고 있는 이 세상이 죄에 물들어 있기는 하지만 그럼에도 불구하고 주께서 붙드시기 때문에 문화 활동이 가능하다는 것을 깨닫고 있는가?(단 1:4; 왕상 3:28; 마 2:1-2; 행 7:22)

⑤ 사회의 각 영역이 그나마 그 존재를 유지하는 것은 그리스도(및 하나님)의 보존 때문임을 인정하는가?(시 127:1; 고전 3:6-7; 롬 13:1; 시 96:10)

(3) 장차 이루어질 것: 완성

① 자연이 구속의 완성에 이를 것을 기대하고 기뻐하는가?(사 11:6-9; 롬 8:19-21)

② 우리가 온전히 부활의 존재로 변화될 것을 기다리며 소망하는가?(고전 15:51-52; 빌 3:20-21)

③ 우리의 문화물이 성령의 정화 역사를 거쳐 새 하늘과 새 땅에 보존될 것을 믿고 기대하는가?(계 14:13; 21:24, 26)

④ 그리스도의 재림과 더불어 가정, 교회, 사회는 완전히 통합될 것이고, 그 가운데 상보성, 친밀성, 합일성이 온전히 드러날 것을 기대하며 그리워하는가?(계 21:2-3)

이번 장을 통해 지금까지 기독교 세계관의 마지막 요소인 '보기/인식하기'에 대해 살펴보았습니다. 이제 다음 장에서는 제가 제시한 기독교 세계관의 내용이 어떤 의의를 갖는지 설명하고자 합니다.

6. 기독교 세계관의 의의

지난 3-5장에서는 기독교 세계관의 세 가지 요소를 주로 성경의 내용에 기초하여 설명했습니다. 그렇다면 기독교 세계관을 '세계': 만물(자연, 인간, 문화, 사회), '기독교적': 그리스도의 사역(창조-보존-화목), '관': 보기/인식하기로 정리한 것이 갖는 의의는 무엇입니까? 다시 말해서, 기독교 세계관을 정리하는 방식은 수없이 많은데, 이렇게 성경이 말하는 기독교 세계관을 기독교 세계관의 표준 형태로 제시하는 것이 다른 방식에 비해서 갖는 차별성은 무엇입니까? 저는 성경이 말하는 기독교 세계관이 적어도 세 가지 의의 및 차별성을 갖는다고 생각합니다.

첫 번째 의의: 경건의 심화

'경건'(godliness)이란 '하나님을 기쁘시게 하려는 마음의 방향과 태도'라고 정의할 수 있습니다. 그러므로 경건은 결국 하나님을 향하는 마음의 문제입니다. 어떻게 이런 마음 자세를 항상(먹든지 마시든지 무엇을 하든지) 유지할 수 있을까요? 일단은 이런 마음 자세를 실제로 갖는 특정한 시간과 활동이 필요합니다. 그런 필요에 의해 행하고 있는 것이 바로 개인적 경건의 시간(Quiet Time)과 공예배(주일예배, 새벽 기도회 등)입니다(실상은 가정 예배도 포함되지만 논의를 단순화하기 위해 제외합니다). 경건의 훈련은 바로 이러한 개인적 시간이나 공예배와 연관해 거론되곤 합니다. 우선, 그런 시간(QT나 공예배)을 의미있게 가질 수 있도록 심령을 준비하는 일과 둘째로, 실제로 그런 시간을 실행하거나 그런 시간에 참여하는 것, 이렇게 두 가지가 경건의 훈련을 구성합니다. 또 원칙적으로 말하면, 그런 시간들을 통해 습득한 경건의 태도가 우리 삶의 모든 영역에서 실행되도록 힘쓰는 것이 경건 생활의 궁극적 이상입니다. 즉 개인이 갖는 경건의 시간이나 공적 예배 시간은 말할 것도 없고 삶의 모든 영역과 계기마다 하나님을 기쁘시게 하고자 하는 마음 자세를 갖는 것이 경건 생활의 핵심이자 경건 훈련의 목적입니다.

그러나 현재 우리가 이해하고 있고 실행하고 있는 경건의 모습은 원래의 이상이나 목표와 큰 차이가 있습니다. 두 가지 점에서 그렇습니다. **첫째, 경건의 태도를 지키게 하는 계기가 너무나 제한적입니다.** 여기에서 '계기'(occasion)라는 말은 어떤 행동이나 생각을 일으키는 근거나 기회를 가리킵니다. 따라서 '경건의 태도를 유지하게 되는 계기'라면, 무엇이 근거나 기회로 작용해서 경건의 태도를 유지하게 되었는지에 관한 것입니다. 다음은 그런 계기의 예입니다.

  1. 하나님의 성품을 생각하면서
  2. 구원의 은혜에 감사하면서
  3. 복음을 전해야 할 사명을 되새기면서
  4. 고난과 역경 중에도 꿋꿋이 이겨낼 결심을 하면서
  5. 자연 세계에 대한 하나님의 섭리를 묵상하면서
  6. 인간이 하나님의 형상으로 지음 받은 존재임을 기억하면서
  7. 과학 기술의 복됨과 위험성을 동시에 의식하면서
  8. 직장 생활에서의 고충을 정리하면서
  9. 그리스도인의 사회적 책임을 통감하면서
  10. 남과 북 사이의 유대감이 심화되기를 바라면서

그리스도께서 만유의 주되심을 전제할 때, 이상적으로는 우리의 경건이 위와 같은 모든 계기마다 지켜지거나 이루어져야 마땅하겠지만 실상은 그렇지가 않습니다. 또 이것 때문에 경건의 태도를 갖게 되는 계기가 제한적이라는 문제가 생기는 것입니다.

경건의 태도를 갖게 되는 계기가 '제한적'이라고 할 때, 구체적으로 어떤 예들을 염두에 두고 있는 것일까요? 우선 공예배와 관련해 찬송의 경우에 초점을 맞추어 보겠습니다. 찬송과 관련하여 경건의 태도를 갖도록 만드는 계기는, 주로 1-4까지의 항목일 것입니다(5도 그런 계기 가운데 하나일 수 있겠으나, 33장 '온 천하 만물 우러러', 40장 '주

하나님 지으신 모든 세계', 75장 '저 높고 푸른 하늘과', 78장 '참 아름다워라'를 빼놓고는 별로 흔하지 않습니다). 이런 항목들은 하나님에 연관되든지(1의 경우) 그리스도인에 연관된(2-4의 경우) 계기들입니다. 따라서 5-10까지의 항목이 계기가 되어서 경건의 자세를 갖게 되는 경우는 매우 적다고 하겠습니다. 이것은 공예배의 다른 순서인 목회자의 설교나 대표 기도 등에 있어서도 마찬가지라고 할 수 있습니다.

그렇다면 개인적 경건의 시간은 어떻습니까? 이 경우에는 다행히도 성경 묵상이 포함되기 때문에 희망을 걸 수 있을지 모릅니다. 그러나 여기서도 묵상자의 안목(perspective)이 매우 중요한 관건입니다. 그가 하나님, 세상, 인간 등에 대해 올바르고 균형 잡힌 안목을 가지고 있다면 1-10 모두가 경건의 계기로 작용할 것입니다. 그러나 그렇지 않다면(아마 이것이 훨씬 현실을 잘 반영하는 것일 텐데) 주로 1-4만이 경건의 계기로 작용할 것입니다. 5-10의 항목은 공예배 때와 마찬가지로 경건을 촉발하는 데 거의 아무런 기여를 하지 못합니다.

바로 이런 현상을 가리켜 경건의 태도를 갖게 만드는 계기가 너무나 제한적이라고 말한 것입니다. 그러나 경건의 원래 목표와 이상은 언제 어디서 무엇을 하든 하나님을 기쁘시게 하려는 마음의 태도이므로, 오늘날 우리의 경건 훈련은 이런 면에서 부적격 판정을 받게 됩니다. 어떻게 하면 이런 문제를 해결할 수 있을까요? 바로 이 지점에서 '성경적 기독교 세계관'의 중요성이 부각됩니다. 이 책에서 제시한 기독교 세계관의 내용에 의하면 만물(자연, 인간, 문화, 사회)이 그리스도의 창조-보존-화목과 연관이 되므로, 이러한 기독교 세계관을 염두에 둔 그리스도인은 5-10의 항목에서도 얼마든지 하나님에 대한 경건의 자세를 갖게 될 수 있습니다. 따라서 경건의 태도를 일으키는 계기가 너무나 제한적이라는 문제는 기독교 세계관의 가르침에 의해 얼마든지 해결될 수 있습니다.

둘째, 경건의 실행이 실생활에서 제대로 이루어지지 않는다는 문제점도 있습니다. 하나님을 기쁘시게 하려는 마음 자세는 개인 경건의 시간이나 공예배 때에만 국한되어서는 안 되고 삶의 모든 영역에서도 갖추어져야 합니다. 종교 개혁자들의 신조인 **코람 데오**(*Coram Deo*)는 '하나님의 면전에서'라는 뜻으로서, 우리의 경건이 사적·공적 예배 순서나 프로그램에만 국한되지 않고 우리의 삶 전체와 연관이 됨을 강조하기 위한 것입니다. 그런데 우리의 실정을 보면, 경건의 훈련은 아직도 전자와만 관련이 있는 것처럼 의식하고 또 그렇게 가르칩니다. 그렇기 때문에 반쪽짜리 경건이 난무하고 있는 것입니다.

이러한 문제점을 의식한 그리스도인 가운데 어떤 이들은 생활 예배의 필요성을 주창하기 시작했습니다. 즉 예배는 주일에 교회당에서 드리는 것[의식(儀式)으로서의 예배]만 있는 것이 아니고 그 이외 시간 동안 삶의 현장에서 드리는 것[생활로서의 예배, 생활 예배(롬 12:1; 골 3:24)]도 있는데, 후자에 대해서는 잘 알지도 못하고 또 실행도 되지 않기 때문에 이 방면의 가르침이 강조되어야 한다는 것입니다.

그런데 생활 예배를 드리려면 예배를 이 세상 한 가운데에서 삶의 현장과 연관시켜야 하는데, 이것이 현재 한국의 그리스도인들에게는 개념상으로나 실행상으로나 보통 힘든 일이 아닙니다. 이 세상 사람들, 자연 환경, 현대의 문화와 사회 현실을 염두에 두지 않는 생활 예배란 존재할 수 없는데, 우리는 단 한 번도 이런 요소들과 하나님에 대한 예배를 직접적으로 연관시켜 오지 않았기 때문입니다. 역시 바로 여기에서 다시 한 번 성경적 기독교 세계관의 의의가 부각됩니다. 앞서 제시했듯 성경에 나타난 기독교 세계관을 이해하고 유지하며 확립하고자 힘쓰는 그리스도인은 자연, 인간, 문화, 사회가 생활 예배를 포함한 우리의 경건 훈련과 결코 무관한 것이 아님을 발견하게 됩니다. 왜냐하면 우리의 자연 세계과 문화 세계는 창조, 보존, 화목을 이루신 분에 대한 신앙과 본질적으로 연관되어 있기 때문입니다. 따라서 우리가 매일 겪는 삶의 환경 한 가운데에서 그리스도에 대한 예배, 하나님에 대한 경건의 자세를 마음껏 구현할 수 있는 것입니다.

이처럼 우리가 가진 경건의 문제는 기독교 세계관을 학습하고 내면화함으로써 얼마든지 해결될 수 있습니다.

▶ 두 번째 의의: 통전성의 회복

통전성(統全性, wholeness/integratedness)이라는 말은 일반적으로 쓰이지 않고 있을 뿐 아니라 심지어는 국어 사전의 항목에조차 올라 있지 않습니다. 단지 기독교인들 가운데 일부만이 이 단어를 애호해

왔습니다. 그럼에도 제가 굳이 이 단어를 사용하는 이유는, 이 단어가 지닌 의미가 너무나 바람직하기 때문입니다.

저는 '통전성'을 '어떤 사물이나 대상이 보유한 특성들 혹은 요소들 가운데 어느 하나도 빠뜨리지 않고, 그것들이 전체적 통일성 가운데 융합과 조화를 나타내도록 돕는 특질'이라고 정의 내리고자 합니다. 이 정의에는 통전성에 관한 두 가지 사항, 즉 어떤 사물이나 대상의 다양한 특성/요소를 인정하는 것과, 그렇게 다양한 특성/요소 사이의 조화와 균형을 추구함이 담겨 있습니다.

오늘날 우리가 이토록 통전성을 중요시하고 목말라 하는 이유는 현대인의 삶이 **파편화**(fragmentalization), **극단화**(extremization), **구획화**(compartmentalization) 되었기 때문입니다.

(1) **파편화**란 사물의 전체를 도외시한 채 여러 부분으로 조각을 내어 버리는 경향을 말합니다. 사실 어떤 사물을 전문적으로 연구하기 위해서는 구성 요소를 세부적으로 나누어 관찰하고 특성을 파악하는 일이 필요합니다. 그런데 그렇게 갈기갈기 찢어 버리기만 하고 전체성과 통일성을 망각할 때 문제가 생겨납니다. 파편화의 비극은 이런 식으로 일어납니다.

파편화의 전형적인 예는 오늘날 인간이 자연, 인간, 문화, 사회에 관해 갖는 지식이나 대응책에서 뚜렷이 나타납니다. 각각의 영역에 대한 심층적 탐구는 그 나름대로 유용하고 또 가치가 있는 일이지만, 전체를 잃어버린 지식의 파편화 현상으로 인해 빈번히 혼란과 무질서가 초래됩니다. 이것은 어떤 집단이나 지역이 지닌 문제점의 해결에 있어서도 마찬가지입니다. 파편화는 전체를 바라보는 안목의 부재 때문에 해결 방안의 제시함에 있어서도 공허하고 무력하기 그지 없습니다.

기독교 세계관은 바로 이런 시점에 큰 유익을 제공합니다. 만물을 네 범주로 나누기도 하지만 동시에 이런 영역들을 그리스도의 창조-보존-화목을 통해 하나로 엮어 주기도 하기 때문에, 지식을 얻는 과정에서 그것이 파편화되는 경향을 극복할 수 있습니다. 우리에게는 어떤 전문 분야의 심화된 지식도 필요하지만 동시에 좀더 넓은 영역을 조망하는, 인접 분야와의 연계적 지식도 매우 중요합니다. 기독교 세계관을 이해한 이들은 그리스도의 사역이라는 통일된 시각을 가지고 있기 때문에 이런 작업이 가능합니다.

이것은 또 어떤 공동체의 문제점에 해결 방안을 제시함에 있어서도 마찬가지입니다. 파편화에 익숙해진 사람들은 해결책을 찾거나 제시할 때 항상 어떤 하나의 범주에 해당하는 답안만을 고수하기 십상입니다. 왜냐하면 파편화는 무엇보다도 통일된 시각의 형성을 가로막고 있기 때문입니다. 그러나 그리스도의 창조-보존-화목의 사역이 만물을 바라보는 원리로 작용하는 이들은 결코 어느 한 범주에 의한 해결 방안에 얽매이지 않고 좀더 통일된 시각, 전체적 안목에서 해결책을 제시할 수 있습니다.

(2) **극단화**는 사건 혹은 현상에 대한 여러 가지 관점을 좀더 객관

적이고 동정적으로(sympathetically) 파악하지 못함으로써 어느 한쪽으로 치우치는 현상을 말합니다. 동시에 이러한 극단적 입장에 맞서면서 균형 감각을 잃고 반대편 극단으로 나아가는 것 역시 극단화의 또 다른 모습입니다. 예를 들어 우리가 교회와 사회의 여러 이슈들과 관련해 어떤 편향적 입장의 심각한 문제점을 발견하게 되었다고 합시다. 그 때 그런 문제점에 너더리를 치면서 아예 반대 극단으로 방향을 트는 것이 바로 그런 경우입니다.

극단화가 가장 많이 목격되는 곳으로, 신학의 영역을 지목할 수 있을 것입니다. 신학은 결국 인간이 가진 문제점(죄)에 대한 하나님의 해결책(구원)을 체계적으로 정리한 학문입니다. 체계적 정리는 성경의 데이터와 신학 자료들을 하나의 일사불란한 원리(principle) 하에 질서 있게 배열하고 상호 연관 관계 속에 정합성을 갖추도록 함으로써 이루어집니다. 이 때 우리가 채택하는 원리는 성부, 성자, 성령의 삼위일체일 수도 있고, 또 하나님의 주권과 인간의 자유일 수도 있습니다. 그런데 이 세상에서 우리가 해야 할 바와 관련해서는 그 원리[이것을 주지(主旨, motif)라 부르기도 합니다]를 주로 창조(및 유지), 타락, 구속(및 완성) 등으로 정리합니다.

그런데 문제는 창조-유지, 타락, 구속-완성의 원리 가운데 어느 한 쪽만을 지나치게 강조하곤 한다는 것입니다. 대표적인 예로서, 자유주의 신학은 창조(및 유지)에만 착념하고 타락을 심각하게 받아들이지 않는 극단적 경향이 있습니다. 이에 대한 반발로 보수주의 신학은 구속(및 완성) 쪽으로만 경도되어 창조(및 유지)에 대해서는 매우 소홀한 정반대의 극단적 모습을 나타내는 수가 많았습니다. 또 어떤 때는 구속의 적용 범위와 관련하여, 한편(근본주의자들)에서는 인간의 영혼만이 그리스도의 구속과 연관된 것처럼 협소한 입장을 고수하는가 하면, 해방 신학과 같은 반대 극단에서는 인간의 정치적 상황만이 구속의 주안점인 것처럼 주장하기도 했습니다.

그러나 성경에 나타난 기독교 세계관에 충실하면 할수록, 이러한 극단화의 경향은 얼마든지 해소될 수 있습니다. 왜냐하면 기독교 세계관은 인간이든 문화 활동이든 사회 생활이든 창조-유지-화목을 동시에 강조하는 까닭에 어느 한쪽 주지만을 내세우는 극단적 입장으로 줄달음치지 않을 수 있기 때문입니다. 더 구체적으로 문화와 사회에 대해 이야기해 보겠습니다. 기독교 세계관에서는 인간의 문화와 사회가 하나님의 창조 및 유지 대상임과 동시에 그것이 죄로 인한 타락의 영향 가운데 있음(그 때문에 그리스도의 화목 사역이 필요했습니다)을 강조합니다. 또 그리스도의 화목 사역은 만물(자연, 인간, 문화, 사회)에 대한 것이므로, 인간이 십자가의 사역에 의해 구속의 은택을 누리는 것과 마찬가지로 문화나 사회 영역 역시 그리스도의 십자가로 인해 하나님과의 원수 관계가 회복되고 장차 새 하늘과 새 땅에서의 영광스러운 참여를 고대하고 있다고 주장합니다.

이처럼 성경이 말하는 기독교 세계관은 신학에 흔히 등장하는 극단화의 문제에 대한 좋은 처방이 됩니다.

(3) **구획화**는 사물이나 현상을 둘로 나누어 중간에 선을 긋고 그

두 영역이나 요소 사이의 교류는 말할 것도 없고 상호 연관성조차 인정하지 않는 일입니다. 때로 우리는 개념적·인식론적 필요 때문에 어떤 두 가지 사항을 서로 구별하고 둘 사이의 대조점을 밝힐 수 있습니다. 그러나 그것이 꼭 둘 사이에 단절과 분리를 의미해야 하는 것은 아닙니다. 그럼에도 구획화는 둘 사이에 넘어설 수 없는 방벽을 쌓음으로써 각각의 영역은 서로 아무런 연관도 없이 이질적인 모습을 한 채 갈라서게 됩니다.

구획화가 기독 신앙에서 대중화되어 나타나는 가장 흔한 예는 '영적 vs. 육적'(spiritual vs. physical) 및 '거룩한 vs. 속된'(sacred vs. worldly) 형태의 것입니다. '영혼'과 '육신'이 구별되고, 또 '영적' 특질과 '육신적' 특질 사이에 현격한 차이가 있다는 구별 자체는 전혀 문제되지 않습니다. 그러나 살아 있는 인간의 경우 영혼과 육신 사이에 전혀 교류가 없다든지(그리스 이원론의 주장처럼), 성속 이원론이 묘하게 덧붙여져 '영혼은 선하고 육신은 악하다'(그리스 이원론 및 동양적 세계관에 흔히 등장하듯)라는 식으로 발전하면, 기독 신앙에 대한 구획화의 폐해는 걷잡을 수 없이 커집니다. 또 영적 활동(기도, 구제 등)은 무조건 거룩하고 육신적 활동(성행위 등)은 무조건 저속하다는 식의 이원론적 견해 역시 구획화의 산물이라고 할 수 있습니다.

그러나 성경에 나타난 기독교 세계관을 배우고 이해하는 그리스도인들은 구획화의 폐해로부터 벗어날 수 있습니다. 기독교 세계관의 가르침에 의하면, 인간의 영혼은 인간의 일부로서 그리스도의 창조-유지-화목 사역으로부터 은택을 입고 있습니다. 그러나 그것은 영혼에만 국한된 것이 아니고 인간의 육신도 마찬가지입니다. 혹시 인간의 육신이 타락의 영향 하에 있지 않느냐고 물을지 모르지만, 인간의 영혼 역시 예외일 수 없습니다. 영적 활동 역시 신체 활동과 똑같이 타락의 영향 하에 있음과 동시에 그리스도의 보존 및 화목 사역에의 은혜를 입고 있는 것입니다.

위에서 설명한 바와 같이 성경이 말하는 기독교 세계관을 이해하는 그리스도인은 구획화의 그릇된 경향으로부터 자유롭습니다.

이처럼 기독교 세계관은 그리스도인(및 비그리스도인)이 빠지기 쉬운 파편화, 극단화, 구획화의 경향으로부터 우리를 지켜 줌으로써 통전성을 회복할 수 있게 해줍니다.

세 번째 의의: 판단 기준의 제시

여기에서 판단 기준이란 오늘날 우리가 경험하는 만물(자연, 인간, 문화, 사회)과 관련하여 어떤 것이 성경적으로 합당하고 어떤 것이 바람직하지 않은지를 판별하는 기준을 의미합니다. 이러한 기준이 필요한 이유는 두 가지입니다. 첫째, 그리스도인은 시대의 풍조에 휩쓸리지 말아야(엡 4:14) 하기 때문입니다. 그러려면 자기 나름대로의 분별력이 있어야 하고, 분별력은 평소에 습득한 판단 기준이 없이는 발휘되기가 힘듭니다. 둘째, 그리스도인은 어떤 면으로든 세상의 삶에 참여해야 하기(요 17:18; 딛 2:12) 때문입니다. 삶에의 참여는 종종 주어진 여러 가지 선택 사항 중에서 최상의 것(적어도 본인이 그 시점에서 생각할 때)을 택하는 일을 통해 이루어집니다. 이때 그가 명확한 판단 기준을 가지고 있으면 어떤 결정(decision-making)을 내려야 할 때 크고 작게 도움이 됩니다.

그러면 그러한 판단 기준은 구체적으로 무엇입니까? 저는 만물의 네 가지 범주를 하나씩 들면서 기준을 제시하고자 합니다.

(1) 자연

엄밀한 의미에서 '자연에 관한 판단 기준'이란 맞지 않는 말입니다. 왜냐하면 자연은 비인격적 존재로서 자연 법칙(천체, 무기물, 식물)이나 본능(동물)에 따라 작동하기 때문입니다. 그러므로 자연에 대해 다루려면 인간이 자연에 대해 무언가를 행한 측면에서 다뤄야 하는데 이는 문화의 범주에서 다루어야 할 사안입니다. 그러나 그럼에도 불구하고 이 단락에서는 자연 활동이 중심 주제이므로 그냥 '자연'이라는 범주에서 취급하고자 합니다.

자연에 대한 판단 기준으로는 다음 세 가지 사항을 제시할 수 있습니다.

첫째, 인간은 하나님의 형상으로 지음 받아 자연을 다스리는 존재가 되었습니다.

하나님이 이르시되 **우리의 형상을 따라 우리의 모양대로 우리가 사람을 만들고 그들로 바다의 물고기와 하늘의 새와 가축과 온 땅과 땅에 기**

는 모든 것을 다스리게 하자 하시고 하나님이 자기 형상 곧 **하나님의 형상대로 사람을 창조하시되** 남자와 여자를 창조하시고 하나님이 그들에게 복을 주시며 하나님이 그들에게 이르시되 생육하고 번성하여 땅에 충만하라, 땅을 정복하라, **바다의 물고기와 하늘의 새와 땅에 움직이는 모든 생물을 다스리라** 하시니라(창 1:26-28).

인간은 비록 자연의 일부지만(창 2:7, 3:19) 동시에 하나님의 모습을 따라 지어졌기 때문에 자연을 뛰어 넘는 존재가 되었습니다. 따라서 인간이 만물의 영장으로서 자연을 다스리게 되었음을 인정하는 자연관(自然觀), 자연 활동은 합당한 것입니다. 반면 인간과 동물 사이에 전혀 구별이 없다고 주장하든지 자연을 신격화하는 가운데 이루어지는 자연 활동은 합당하지 않습니다.

둘째, 인간은 자연계의 청지기로서 자연을 보호하고 관리할 책임이 있습니다.

여호와 하나님이 그 사람을 이끌어 **에덴 동산에 두어 그것을** 경작하며 **지키게** 하시고(창 2:15).

하나님은 아담을 이끄셔서 자신이 창설한 에덴 동산을 '지키게' (돌보고 보호하고 보존하게) 하셨습니다. 따라서 자연 세계에 대한 보호, 돌봄, 보존은 바람직한 활동이고, 반대로 자연을 착취하든지 무방비 상태로 버려 두어 멸종이나 파괴를 초래하는 것은 바람직하지 않은 일입니다.

셋째, 자연의 존재 의의 가운데 일부는 인간의 필요를 채우는 일입니다.

> 하나님이 이르시되 **내가 온 지면의 씨 맺는 모든 채소와 씨 가진 열매 맺는 모든 나무를 너희에게 주노니 너희의 먹을 거리가 되리라**(창 1:29).

> 여호와 하나님이 그 땅에서 **보기에 아름답고 먹기에 좋은 나무**가 나게 하시니 동산 가운데에는 생명 나무와 선악을 알게 하는 나무도 있더라(창 2:9).

> 땅의 모든 짐승과 공중의 모든 새와 땅에 기는 모든 것과 바다의 모든 물고기가 너희를 두려워하며 너희를 무서워하리니 이것들은 너희의 손에 붙였음이니라. 무릇 **산 동물은 너희의 먹을 것이 될지라**. 채소 같이 내가 이것을 다 너희에게 주노라(창 9:2-3).

자연 세계는 인간과 별도로 존재 의의가 있으나(창 1:12, 18, 21), 동시에 인간에게 음식물이 되는 일(실용적)과 즐거움을 제공하는 일(심미적) 때문에 창조되었습니다. 따라서 인간에게 실용적·심미적 유익을 주는 자연 활동은 바람직한 것이고, 반대로 하나님이 정해 주신 것(창 3:18 참조) 이상으로 인간에게 피해를 끼치거나 괴로움을 초래하는 자연 활동은 그릇된 것이라고 하겠습니다.

(2) 인간

'인간에 관한 판단 기준'도 자연의 경우와 마찬가지로, 인간이 인간에 대해 행하는 그 무엇을 판단하는 것이므로 문화의 범주나 사회의 범주에서 다루어야 합니다. 그러나 판단의 대상이 인간 자신이므로 그냥 인간의 범주에서 논하고자 합니다. 인간과 연관한 판단 기준으로는 다음의 네 가지 사항을 제시할 수 있을 것입니다.

첫째, 인간은 하나님의 형상으로 지음을 받은 피조물입니다.

하나님이 이르시되 **우리의 형상을 따라 우리의 모양대로 우리가 사람을 만들고** 그들로 바다의 물고기와 하늘의 새와 가축과 온 땅과 땅에 기는 모든 것을 다스리게 하자 하시고 **하나님이 자기 형상 곧 하나님의 형상대로 사람을 창조하시되** 남자와 여자를 창조하시고(창 1:26-27).

따라서 인간의 존재론적 위치는 하나님과 인간 이하의 피조물 사이로서, 인간은 인간 이하도 인간 이상도 아닙니다. 인간의 위치나 모습을 이렇게 밝히면 바람직한 인간관이며, 인간을 인간 이상(신적 존재)으로 혹은 인간 이하(동물이나 기계와 같은 수준)로 규정하는 것은 바람직하지 못한 처사입니다.

네가 네 마음에 이르기를 내가 하늘에 올라 하나님의 뭇 별 위에 내 자리를 높이리라. 내가 북극 집회의 산 위에 앉으리라. 가장 높은 구름에 올라가 **지극히 높은 이와 같아지리라** 하는도다(사 14:13-14).

나는 벌레요, 사람이 아니라. 사람의 비방 거리요, 백성의 조롱 거리니이다(시 22:6).

둘째, 인간은 자신이 처한 조건과 상관 없이 인간으로서의 존엄성을 인정 받아야 하고 최소한의 권리가 보장되어야 합니다.

만일 **남종이나 여종이** 나와 더불어 쟁론할 때에 내가 그의 권리를 저버렸다면…**나를 태 속에 만드신 이가 그도 만들지 아니하셨느냐. 우리를 뱃속에 지으신 이가 한 분이 아니시냐.** 내가 언제 **가난한 자**의 소원을 막았거나 **과부**의 눈으로 하여금 실망하게 하였던가. 나만 혼자 내 떡덩이를 먹고 **고아**에게 그 조각을 먹이지 아니하였던가(욥 31:13, 15-17).

너희의 하나님 여호와는 신 가운데 신이시며 주 가운데 주시요, 크고 능하시며 두려우신 하나님이시라. **사람을 외모로 보지 아니하시며** 뇌물을 받지 아니하시고 **고아와 과부를** 위하여 정의를 행하시며 **나**

그네를 사랑하여 그에게 식물과 의복을 주시나니(신 10:17-18).

이상의 내용으로 보아 우리는 인간이 처한 조건[종과 상전(사회적), 가난한 자와 부자(경제적), 과부·고아(가족적), 나그네(민족적)]과 상관 없이 모든 이들을 존엄한 존재로 받아들여야 하고, 그에 따라 인간이 기본적으로 누려야 할 권리를 보장해 주어야 합니다. 인간에 대한 이러한 조치가 있으면 바람직한 것이고, 이러한 자세와 대우를 결여하거나 백안시하면 그릇된 것입니다.

셋째, 다른 동물과 차별화되는 인간의 특성과 능력은 소중히 여기고 발전시켜야 합니다.

여호와 하나님이 그 사람에게 명하여 이르시되 동산 각종 나무의 열매는 네가 **임의로** 먹되 **선악**을 알게 하는 나무의 열매는 먹지 말라. 네가 먹는 날에는 반드시 죽으리라 하시니라.···**아담이 모든 가축과 공중의 새와 들의 모든 짐승에게 이름을 주니라**. 아담이 돕는 배필이 없으므로···아담이 가로되 이는 내 뼈 중의 뼈요, 살 중의 살이라. 이것을 **남자**에게서 취하였은즉 **여자**라 부르리라 하니라(창 2:16-17, 20, 23).

아담은 하나님의 명령을 듣는 존재였고(종교성 및 지성), 어떤 행위를 임의로 할 수 있었고(자유 의지), 선악에 대한 개념이 있었는가 하면(도덕성), 각종 동물의 이름을 지어 주었으며(지성 및 창의성), '남자'(히브리어로 이쉬, *îs*)와 '여자'(히브리어로 이샤, *îssâ*)를 사용해 말장난(pun)을 시도했습니다(창의성). 이러한 네 가지 특성, '종교성', '도덕성', '지성', '창의성'이 넓은 의미의 하나님 형상을 구성함은 이미 앞서 3장에서 밝힌 바 있습니다. 따라서 인간의 종교적 성향, 지적 능력, 도덕적 감수성, 창의적 역량 등을 격려하고 조장하는 것은 바람직한 일이고, 반대로 이러한 능력과 역량을 억누르거나 억압하는 것은 그릇된 처사입니다.

넷째, 하나님을 알지 못하는 사람들에게 하나님의 형상이 회복되도록 힘써야 합니다.

> 하나님을 따라 **의**와 진리의 **거룩함**으로 지으심을 받은 새 사람을 입으라(엡 4:24).

> 새 사람을 입었으니 이는 자기를 창조하신 이의 형상을 따라 **지식**에까지 새롭게 하심을 입은 자니라(골 3:10).

그리스도인들은 새 사람을 입은 사람들인데, 이는 좁은 의미의 하나님 형상(의, 거룩, 참지식)이 회복되었음을 뜻합니다. 그러나 하나님을 알지 못하는 이들은 아직도 좁은 의미의 하나님 형상을 상실한 상태에 머물러 있습니다. 따라서 그들에게도 복음을 증거하여 그리스도인이 되게 함으로써 좁은 의미의 하나님 형상을 회복하게 해야 합니다. 그러므로 비그리스도인에게 복음을 전하고 그에 따른 부수 조치를 취하는 것은 바람직한 일이고 이를 등한시하는 것은 잘못된 일입니다.

(3) 문화

문화에 대한 판단 기준을 마련하는 일은 다른 어떤 범주에 대한 것보다 복잡하고 힘든 작업입니다. 따라서 저는 두 가지 서로 다른 방식을 도입하고자 합니다. 첫 번째 방식은 일반적인 것으로서, **문화 활동의 도덕적 성격**에 초점을 맞추는 것입니다.

우리의 문화 활동은 근본적으로 하나님의 창조 및 보존 사역에 힘입은 것이지만, 동시에 인간의 타락에 의해서 죄에 물들어 있음도 간과할 수 없습니다. 그렇다면 인간의 문화 활동에 대한 종합적 분류표를 다음과 같이 작성해 볼 수 있을 것입니다.

방향 \ 영역	종교적 영역	일상적 영역
바람직한 방향	A. 종교적으로 바람직한 문화 활동 - 브살렐과 오홀리압이 자신의 재능을 발휘해 성소의 모든 것을 만듦(출 36:1-38:23) - 다윗이 성전 건축에 필요한 자재를 많이 준비함(대상 22:1-5)	B. 일상적으로 바람직한 문화 활동 - 먹고 마시며 수고하는 가운데 심령으로 낙을 누림(전 2:24) - 곡식의 파종과 수확(사 28:23-29) - 납세의 의무를 다함(롬 13:6-7)

그릇된 방향	-한 여인이 향유를 부어 예수님의 장사를 미리 준비함(막 14:1-9) -베뢰아 사람들이 간절한 마음으로 말씀을 받고 날마다 성경을 상고함(행 17:11) C. 종교적으로 그릇된 문화 활동 -아론이 금송아지를 만듦(출 32:1-4) -엘리의 아들들이 제사장의 응식(應食)에 관한 규례를 범함(삼상 2:12-17) -바울에게 괴로움을 더할 목적으로 복음을 증거함(빌 1:16) -정욕으로 쓰려고 구함(약 4:3)	-노예들이 불신자 상전에 대해서도 주께 하듯 성실히 일함(골 3:22-24) D. 일상적으로 그릇된 문화 활동 -라멕의 살인 찬가(창 4:23-24) -지도자들의 잔인하고 불의한 압제 행위(미 3:1-3) -혼인을 금하고 음식을 폐함(딤전 4:3) -하나님을 의뢰하지 않는 기업 구상(약 4:13-16)

이러한 도표에서 우리가 얻는 유익은, 문화 활동의 도덕적 성격은 그것이 수행되는 영역에 좌우되지 않는다는 사실입니다. 즉 종교적 영역의 문화 활동에 참여하는 것은 바람직한 것이고, 반대로 일상적 영역의 문화 활동은 무가치하거나 죄악된 것으로 이해하지 말아야 한다는 것입니다. 오히려 우리의 방향이 올바르면(하나님을 영화롭게 하고 이웃의 유익을 추구하는 것), 우리의 문화 활동은 종교적 영역에서건 일상적 영역에서건 바람직한 것이 됩니다. 반대로 우리의 방향이 그릇되면(자아, 세상, 사탄에 이끌리는 것), 그러한 문화 활동은 종

교적 영역에서든 일상적 영역에서든 그릇되고 죄악된 것이 됩니다.

그러나 이런 방식만으로는 문화에 관한 판단 기준이 충분하다고 볼 수 없습니다. 그래서 두 번째 방식이 필요하게 되는데, 바로 **문화물이 합당한가 하는 정도**에 관한 것입니다. 이 점을 밝히기 위해서 우선 문화물의 종류를 파악해 보도록 하겠습니다. 우리는 이미 3장에서 문화물의 종류를 세 가지, **일상적/실용적 문화물**, **향유적/창작적 문화물**, **교훈적/계도적 문화물**로 나눈 바 있습니다. 각 부류의 문화물은 서로 약간씩 중복되는 면도 있지만, 동시에 서로 뚜렷한 차이를 드러내기도 합니다. 이제 각 부류의 문화물이 합당한지의 여부 정도를 검토해 볼 것입니다.

일상적/실용적 문화물의 합당성

일상적/실용적 문화물은 만들어진 목적이 실용적 필요에 있기 때문에, 무엇보다도 먼저 **기능적 적합성**이 중요한 판단 기준으로 등장합니다. 옷이면 옷으로서, 집이면 집으로서, 전기밥솥이면 전기밥솥으로서의 기능과 역할을 제대로 해야 합니다. 또 **내구성**과 **경제성** 등도 고려하지 않을 수 없을 것입니다. 아무리 기능적으로 적합해도 오래 가지 못하거나 너무 비싸면 사용하기 힘들기 때문입니다. 물론 일부 문화물의 경우에는 단순한 실용성 이외에 **미적 가치** 또한 중요한 판단 기준으로 작용할 수도 있습니다. 그러나 어쨌든 일상적/실용적 문화물은 대체로 그 자체에 어떤 윤리적 성격을 담고 있지 않기 때문에 그 판단의 기준 역시 비(非)윤리적이고 실제적인 특질에만 집중되어 있습니다.

향유적/창작적 문화물의 합당성

이 부류의 문화물은 실용적 차원의 필요를 넘어서 여흥, 카타르시스, 감각적·예술적 즐거움 등을 목표로 하기 때문에 아마도 **재미**와 **감동**이 가장 중요한 판단 기준이 될 것입니다. 이것은 특히 대중 문화의 경우 더욱 그렇습니다. 좀더 고급 문화의 수준으로 올라가면 **정서의 순화**와 **심미적 만족도** 또한 이에 못지 않은 판단 기준으로 작용할 것입니다.

물론 여기에서 우리가 고려해야 할 중요한 한 가지 사항은 이런 문화물들이 '문자화된 메시지'를 가지고 있느냐 아니냐 하는 점입니다. 만일 대중 문화의 범주에 드는 문화물, 예를 들어 대중 가요 같이 가사와 제목이 있는 경우, 가사의 내용이 그 문화물의 판정에 큰 영향을 미치기 때문입니다. 반대로 고급 문화에 속한다 하더라도 고전 음악의 악곡들이나 조각품들 같은 경우 음악의 표제나 작품의 제목 이외에는 문자화된 메시지가 없기 때문에, 주로 음악 자체나 조각품 자체의 예술적 창의성이 중요한 판단 기준으로 부각될 것입니다. 따라서 문화물의 합당성을 판단함에 있어 관건이 되는 것은 문자화된 메시지가 있느냐 없느냐 하는 점입니다. 그런데 문자화된 메시지가 있는 문화물의 경우, 메시지와 관련한 여러 요소를 고려해야 하므로 판단 기준을 설정하는 것이 복잡해지고 힘들어집니다. 따라서 이러한 고려 사항은 우리를 자연스레 다음 부류의 문화물에 대한 토의로 이끕니다.

교훈적/계도적 문화물의 합당성

교훈적/계도적 문화물은 창작자의 의도가(그것도 문자화된 메시지를 통해) 가장 잘 반영되어 있는 문화물입니다. 물론 문자 대신 형상, 상징, 사물이나 현상 등을 통해서도 얼마든지 메시지가 전달될 수는 있습니다. 그러나 이러한 매체의 경우 전달자의 의도가 잘못 해석되든지 여러 가지 해석이 분분해져 본래 의도를 흐리게 하는 경우가 많기 때문에, 그래도 문자를 통한 매체가 전달 효과에 있어서는 최상의 방식이 아닌가 합니다.

문자를 통한 매체의 경우 일차적으로는 책/도서/서적을 떠올리게 됩니다. 그러나 그에 못지 않은 매체로서 영화, 만화, 노래, TV 프로그램, 오디오 · 비디오 테이프 등도 책과 비슷한 기능을 할 수 있습니다(심지어 어떤 경우에는 시각과 청각의 상승 효과가 있기 때문에 이런 것들이 책보다 더 큰 인상을 남길 수도 있습니다). 그러면 이런 매체들에 의한 문화물은 어떻게 그 합당성 정도를 판단할 수 있을까요? 대표적인 예로 소설과 영화를 거론하고자 합니다. 소설이나 영화의 경우 네 가지 사항, **의도**(intention), **내용**(content), **형식**(form), **영향**(effect)을 고려함으로써 판단 기준을 세울 수 있다고 생각합니다.

소설이나 영화에 있어서 제일 먼저 고려해야 할 사항은 **의도**(창작자의 의도)입니다. 그가 심중에 어떤 목적을 품고 그 작품을 만들었느냐 하는 것입니다. 만일 그가 '동성애'에 관한 소설이나 시나리오를

썼다 해도, 그의 의도는 여러 가지일 수 있습니다. 예를 들어, 그는 동성애를 은근히 두둔하고 조장하기 위해서 썼을 수도 있고, 아니면 단지 동성애의 비극을 적나라하게 소개하기 위한 목적일 수도 있습니다. 또는 그리스도인들에게 동성애 문제의 심각성을 알리고 경각심을 불러 일으키기 위해 작품을 구성했을 수도 있습니다. 그것도 아니라면 그는 동성애 혐오증(homophobe)으로 인해 자신의 증오와 분노를 분출하고자 쓴 것인지도 모릅니다.

물론 어떤 작품을 보고서(심지어 그 작가의 저작 동기에 관한 자료를 조사하고 나서도) 그의 저작 의도를 쉽게 알아낼 수 있다는 뜻은 아닙니다. 또 어떤 작품의 저작 동기를 알지 못하면 결코 그 작품의 합당성을 판단할 수 없다는 뜻도 아닙니다. 다만 그러한 의도를 찾아낼 수 있다면 그 작품의 합당성 정도를 평가하는 데 도움이 된다는 말입니다.

두 번째로 고려할 사항은 소설이나 영화의 **내용**입니다. 내용에서 취급하는 것은 작품의 주제(subject) 및 테마(theme)입니다. 이 주제나 테마가 하나의 소설이나 영화 전체를 관통하고 있느냐가 중요한 판단 기준이 될 것입니다. 물론 이 경우 꼭 기독교적인 주제를 택해야만 하는 것은 아닙니다. 하나님은 구원의 하나님이실 뿐 아니라 일상적 삶의 하나님이시기도 하기 때문에, 그 주제가 인간의 삶에 대한 보편적 가치를 반영하는 것이라면 굳이 기독교적인 냄새(?)를 풍기지 않아도, 아니면 매우 간접적으로 제시해도 문제될 것이 없습니다. 실제로 어떤 작품의 경우에는 교회나 기독교인에 대해 다루어도 철저히 반(反)기독교적일 수 있고(김은국의 「순교자」처럼), 마녀와 요정과 환상의 세계를 다루어도 매우 기독교적일 수 있습니다(C. S. 루이스의 "나니아 연대기: 사자, 마녀와 옷장"이나 J. R. R. 톨킨의 "반지의 제왕"이 그렇듯).

셋째로, 소설과 영화는 예술 작품이기 때문에 의도와 내용 이외에 **형식** 역시 매우 중요한 판단 기준이 됩니다. 예를 들어, 예술 작품과 논문의 차이점 중 하나는 내용을 전달하는 형식이 서로 매우 다르다는 사실입니다. 신앙 교육을 염두에 둔 간증 소설이나 선교 영화라면 모르겠지만(그러나 그런 것들도 창작품이므로 내용뿐 아니라 형식도 중요합니다) 대부분의 소설과 영화에서는 형식이 차지하는 비중이 매우 높습니다.

소설이나 영화의 형식에는 보통 스토리 전개, 인물 묘사, 상황의 설정, 구성(plot) 등이 중요한 역할을 합니다. 그리고 작품의 창의성을 판단함도 상당히 많은 경우 형식과 연관이 됩니다. 따라서 이러한 형식적 요소를 제대로 갖춘 작품이면 작품일수록 합당성의 정도는 높아지는 것이고, 반대로 이런 요소들이 구비되어 있지 않거나 완성도가 낮으면 그만큼 합당성의 정도가 낮아지는 것이라고 하겠습니다.

마지막으로 거론된 항목은 **영향**입니다. 여기에서 말하는 영향이란 소설의 독자나 영화의 관람자가 작품을 감상하면서, 또 그 이후에 갖는 마음의 수용 상태를 의미합니다. 즉 작품의 영향을 받았다는 말은 내용과 형식을 통해 작가가 전달하고자 한 교훈적·계도적 의도에 설득되었다는 뜻이고, 작품의 영향을 받지 않았다는 말은 작품을 접하고 난 이후에 창작자의 의도에 수긍을 하지 않았다는 뜻입니다.

네 번째 요소인 영향은 이런 면에서 주관적 성격의 항목입니다. 이것은 처음에 언급한 세 가지 항목인 의도, 내용, 형식이 모두 객관적 성격인 것과 대조를 이룹니다. 문화물의 합당성 정도를 평가함에 있어서 영향의 항목을 넣지 않으면 이 작업은 온전해질 수 없습니다. 왜냐하면 사람들은 똑같은 소설, 똑같은 영화를 보고서도 전혀 다른 반응을 보이기 때문입니다. 그것은 소설과 영화를 감상하는 이의 주관적 입장이 서로 다르다는 것을 보여 줍니다.

감상자의 주관성은 크게 다음 두 가지로 파악할 수 있습니다.

첫째, 감상자가 어떤 자격으로 작품을 접하는가의 문제입니다. 영화의 경우, 그가 영화 제작자로서 그 작품을 대하는 것인가, 혹은 감독이나 배우의 입장인가, 아니면 그저 한 사람의 관객인가, 그것도 아니라면 영화의 검열을 책임 맡은 문화관광부 직원인가 하는 것입니다. 그 자격이 어떤가에 따라 작품으로부터 받는 영향은 상당한 차이가 있습니다.

둘째, 감상자의 영적 성숙도 큰 변수가 됩니다. 폭력적인 장면이 꽤 많고 성적 노출 장면도 나오는 영화가 있다고 합시다. 또 여기 50세의 김 목사와 그리스도인이 된 지 얼마 안 되는 15세의 박 군이 있다고 합시다. 분명 이 영화가 김 목사에게 끼치는 영향과 박 군에게 끼치는 영향 사이에는 큰 차이가 있을 것입니다. 그렇기 때문에 이 영화가 박 군에게 부정적인 영향을 끼친다고 해서 김 목사 또한 똑같이 부정적인 영향을 받게 되리라고 생각할 수는 없습니다. 미국의 경우, 영화를 NC-17(No children-17: 17세 이하 미성년자 관람 불가), R(Restricted: 17세 이하 미성년자가 부모와 성인 보호자 동반시 관람 가), PG(Parental Guidance Suggested: 보호자의 지도 필요), PG-13(Parental Guidance-13: PG에 속하나 13세 이하 엄격한 주의와 지도 필요), G(General Audience: 연소자 관람 가)로 나누고 한국의 경우, 제한 상영 가, 18세(15세, 12세) 관람 가, 전체 관람 가 등의 등급을 정하는 이유도 바로 이런 데에 있는 것입니다.

이러한 두 가지 요인으로 인해 작품의 객관적 평가가 뛰어나다고 해도 감상자의 주관적 처지 때문에 그에게는 좋은 작품이 되지 못할 수도 있고, 반대로 창작자의 의도나 주제의 합당성에 있어 논란을 일으킨 작품이라고 해도 어떤 이에게는 크게 문제되지 않을 수도 있는 것입니다.

지금까지 교훈적/계도적 문화물(또 일부 향유적/창작적 문화물도 포함하여)의 평가와 관련하여 네 가지 판단 기준(의도, 내용, 형식, 영향)을 소개했습니다. 그러면 하나의 작품을 평가하는 데 있어 어떤 항목에 가장 큰 비중을 두어야 합니까? 또 전체를 백분율로 표시할 경우 각 항목들에 어떤 수치를 매겨야 합니까? 사실 이런 질문에 대해 일률적으로 대답할 길은 없습니다. 이 사안은 사례별로(case by case) 다루어야 하기 때문에 모든 이에게 공통되는 답변을 제공할 수 없다는 말입니다. 그러므로 각자 자기 자신과 관련하여 이런 기준들을 나름대로 현명하게(솔직하고 적실하게) 활용해야 할 것입니다. 또 다른 사람에 대한 기준을 정해 달라고 요청 받았을 때는 그 상대방의 입장을 명확히 파악하여 신중하게 조언해야 할 것입니다.

(4) 사회

사회에 대한 판단 기준은 다음 두 가지 사항을 고려함으로 설정할 수 있습니다. **첫째, 각종 사회적 실체들이 얼마나 합당한 공동체를 이루고 있느냐 하는 것입니다.** 3장에서는 사회적 실체를 '가정/부부 관계', '교회/신앙 공동체', '민족/국가', '범세계적 인류 공동체'의 네 가지 예로 선보였습니다. 그러나 오늘날의 삶을 보면 사회적 실체가 이렇게 네 가지만 있는 것이 아닙니다. 대부분의 경우 훨씬 더 세분화된 형태로 작동하고 있습니다. 예를 들어, 교회/신앙 공동체에도 남선교회, 노회, 총회 예산위원회 등이 있고, 민족/국가 역시 많은 세부적인 사회적 실체(고등학교, 동창회, 종친회, 동우회, 연구소, 노조 위원회 등)로 나누어져 있으며, 이런 현상은 세계 보건 기구(WHO), 국제 사면 기구(Amnesty International), 국제 올림픽 위원회, 칸 영화제, 국제 물리학회 등 다양한 협회(association)를 선보이고 있는 범세계적 인류 공동체의 경우에도 마찬가지입니다.

여기서는 이러한 사회적 실체들을 **일차적 실체**[primary social entities, 원래의 네 가지 실체(가정/부부 관계, 교회/신앙 공동체, 민족/국가, 범세계적 인류 공동체)]와 **이차적 실체**(secondary social entities, 일차적 실체 내의 세부적 모임과 협회들)로 나누고자 합니다. 그리고 난 후 두 종류의 실체를 모두 아울러서 그에 대한 판단 기준을 제시할 생각입니다.

둘째, 사회 구성원들 사이의 관계적 특징이 얼마나 뚜렷이 나타나느냐 하는 것입니다. 역시 3장에서 사회가 결국 삼위 하나님의 실존을 반영하는 것이고 삼위 사이에 **상보성**, **친밀성**, **합일성**이 존재했듯 그 하나님의 형상을 따라 지음 받은 인류 공동체도 구성원 상호 간의 관계 가운데 상보성, 친밀성, 합일성이 드러나야 함을 강조했습니다. 만일 이러한 관계적 특징이 선명히 나타나면 그 사회는 합당성이 높은 것이고, 희미하든지 결여되어 있으면 그 사회는 바람직하지 않은 것으로 볼 수 있을 것입니다.

이상의 내용을 기초로 할 때 사회에 대한 평가 기준은 모두 세 가지가 될 것입니다. 첫째, 어떤 사회적 실체가 그 존재 목적을 제대로 구현하고 있는가 하는 것이고 둘째, 이 실체를 구성하는 구성원들이 성숙한 이들인가의 문제이고 셋째, 구성원들 사이에 관계적 특징들이 얼마나 잘 반영되고 있는가 하는 것입니다. 이제 이 기준의 항목들을 하나씩 살펴보도록 합시다.

어떤 사회적 실체가 그 존재 목적을 이루고 있는가?

모든 사회적 실체는 고유의 목적 때문에(자연적으로나 합의에 의해서나) 결성된 것이므로, 그 목적을 달성하거나 그것에 근접할수록 합당성의 정도가 높아지는 것이라고 평가할 수 있습니다. 예를 들어, 가정을 거론해 봅시다. 가정의 목적은 부부 간 애정을 깊게 함(잠 5:18-19; 전 9:9), 올바른 자녀 양육(엡 6:4; 딤전 3:4), 가정 공동체를 제대로 관리하는 일(딤전 3:5, 12)이라고 할 수 있을 것입니다. 어떤 가정에 이런 목적이 제대로 이루어지고 있으면 합당성이 높은 사회적 실체라고 판단할 수 있을 것입니다. 반대로 어떤 가정이 이런 목적으로부터 멀든지 이러한 목적의 달성과 관련해 거의 진척이 없다면, 그런 가정 공동체는 합당하지 못한 것이라는 평가를 받을 수밖에 없습니다.

이것은 이차적 실체의 경우에도 마찬가지입니다. 대부분의 이차적 실체들은 자기 모임의 목적을 명문화하고 있습니다(꼭 그렇게 명시되어 있지 않더라도 그 구성원들 사이에는 그런 목적이 암묵적으로 알려져 있습니다). 교회의 남선교회가 남성 교우들 사이에 신앙을 증진하고 직장 내 전도를 활발히 하기 위해 결성된 것이라면, 이 두 가지(신앙 증진과 전도 활동)가 그 목적이 될 것입니다. 이 목적에 충실하면 이 남선교회는 사회적 실체로서 합당성이 높은 모임이라고 할 수 있고, 그 활동이 불분명한 채 형식적으로만 이루어지고 있다면 합당성이 낮은 모임이라고 판정할 수 있을 것입니다.

이차적 실체는 특히 세상 속에서 수많이 형성되는데, 주로 자발적 협회(voluntary association)의 형태를 띱니다. 그것이 고등학교 동창회든, 장애우 학교든, 무신론자 협회든, 산악 자전거 동우회든 그 목적에 충실할 때만이 합당한 실체가 될 것입니다.

이 실체를 구성하는 구성원들이 성숙한 이들인가?

이 평가 기준은 구성원들의 성숙도에 관한 것입니다. 어떤 사회적 실체의 구성원들이 그 모임/공동체의 목적을 확실히 알고 그 목적의 달성을 위해 최선을 다하는 모습이라면, 그들이 그런 면에서 성숙해 있다고 말할 수 있습니다. 바로 이런 성숙의 정도가 해당 사회적 실체의 합당성 판정에 큰 관건이 됩니다.

그러나 이 평가 기준은 적용에 있어 제약이 따르기 때문에 주의가 요구되는 항목입니다. 왜냐하면 어떤 경우 적용이 불가능하기 때문입니다. 어떤 사회적 실체의 구성원이 되는 데는 두 가지 서로 다른 방식이 있습니다. 첫째, **자연적 방식**이 있습니다. 이것은 어떤 이가 태어나면서 저절로(자연적으로) 어느 사회적 실체의 일원이 되는 것을 말합니다. 예를 들어, 어떤 가정에 자녀로 태어나면 태어남과 동시에 가정 공동체의 일원이 됩니다. 또 어떤 민족의 일원이 되는 것도 마찬가지입니다. 또 범세계적 인류 공동체에 소속되는 것도 자연적 방식을 통해서입니다.

둘째, **선택적 방식**도 있습니다. 이것은 어떤 이가 자신의 선택이나 타인의 선택에 의해 사회적 실체의 일원이 되는 것을 의미합니다. 예를 들어, 가정의 일원이 되는 데 있어 부부의 경우를 생각해 봅시다. 이들은 각각 상대방의 조건을 신중히 고려함으로써 배우자로 선택을 하고 또 선택을 받습니다. 이러한 선택에 의해 가정 공동체가 결성이 되고 또 가정 공동체의 일원이 되는 것입니다(이것은 같은 가정 공동체의 경우라고 해도 자녀들이 가정의 일원이 되는 것과 차이를 보입니다).

비슷한 현상을 민족의 일원이 되는 것과 국가의 일원이 되는 것

사이에서도 발견할 수 있습니다. 민족의 일원이 되는 것은 분명 자연적 방식에 의한 것입니다. 그러나 국가의 일원이 되는 것에는 예외가 존재합니다. 만일 어떤 이가 특정 국가에 태어나 동일 국적을 유지하면 그 소속에 있어 자연적 방식만이 적용되는 것이지만, 이민·귀화 등의 이유로 국적을 바꾼다면 새로 취득한 국적의 국가와 관련해서는 선택적 방식이 작용한 것입니다(민족의 경우에는 절대로 바뀌지 않습니다).

일차적 실체 가운데 선택적 방식이 적용되는 또 다른 예는 교회/신앙 공동체입니다. 우리는 거듭남으로써 누구나 동일하게 그리스도의 몸에 소속이 되지만, 가시적 교회(visible church)에의 소속은 우리의 선택에 의해 이루어집니다. 또 이차적 실체의 경우에는 누구나 예외 없이 선택적 방식에 의해 소속이 됩니다.

따라서 자연적 방식에 의한 공동체 구성원들에게는 지금 언급하고 있는 두 번째 기준이 적용되지 않는 것입니다. 가정, 민족, 범세계 인류 공동체의 일원이 되는 것은 태어나면서부터 이루어지기 때문에 구성원의 성숙도를 고려할 여지가 없습니다. 그러나 부부, 국가, 교회 및 모든 이차적 실체의 경우에는 구성원의 성숙도에 따라 소속 여부를 결정할 여지가 있기 때문에 두 번째 기준이 중요한 비중을 차지하게 됩니다.

구성원들 사이에 관계적 특징들이 얼마나 잘 반영되고 있는가?

세 번째 평가 기준은 사회적 실체의 구성원들 사이에 관계적 특징(상보성, 친밀성, 합일성)이 얼마나 잘 나타나고 있느냐는 것입니다. 만일 이 특징들이 생생히 나타나고 있으면 그 공동체나 사회적 실체는 합당성의 정도가 높은 것이고, 이런 특징들을 찾아보기가 힘들거나 매우 희미하게 반영되고 있으면 합당치 못하다고 판단할 수 있습니다.

이제 몇몇 사회적 실체를 예로 들어 판단해 보도록 합시다. 여기 어떤 지역에 중형 교회가 자리하고 있습니다. 그 구성원들 사이에 '서로 서로'의 정신(요 13:34-35; 롬 12:10, 16; 엡 4:32; 골 3:13 참조)이 가득하고, 직분이 높거나 은사가 많은 이들이 그렇지 않은 이들을 더 많이 섬기고자 한다면, 이는 분명 상보성의 특징이 활발한 것이라고 할 수 있습니다. 또 서로를 그리스도 안에서 형제 자매로 인정하고 그렇게 부르며(계 1:9 참조), 서로 간 마음과 마음이 통하는 의사소통을 한다면(빌 1:7-8 참조), 친밀성의 특징 또한 살아 넘치게 됩니다. 뿐만 아니라 구성원들의 은사와 서로 간 신분, 재산 및 교육 정도의 차이에도 불구하고 그리스도 안에서 하나(요 17:21-23; 엡 4:4-6)임을 강조하고 또 그렇게 하나 되고자 힘쓴다면(빌 2:2), 이는 합일성의 특징이 크게 나타나는 것이라고 할 수 있습니다. 이처럼 상보성, 친밀성, 합일성의 특징이 잘 갖춰져 있을수록 이 교회/신앙 공동체는 합당성이 높은 사회적 실체이고, 반대로 서로 경쟁하고 소외감으로 시달리며 이리저리 찢겨 있으면 그 공동체는 합당하지 않은 사회적 실체로 판정을 받게 될 것입니다.

이것은 민족 공동체의 경우에도 마찬가지입니다. 현재 남북으로 나뉘어 분단의 아픔 가운데 처한 우리의 실정을 생각해 봅시다. 만일 남쪽과 북쪽 사이에 약점을 보완하고 강점을 나누려는 태도가 있고(상보성의 표현), 같은 형제 자매이자 동포임을 강조하며(이는 친밀성의 반영입니다), 한 걸음 더 나아가 정치 체제와 경제 수준과 사회 제도의 차이에도 불구하고 한 겨레, 한 민족임을 내세우면(합일성의 표출), 남한과 북한 사이에는 관계적 특징이 생생히 살아 있다고 할 수 있습니다. 또 이 때문에 민족 공동체로서 합당성의 정도가 매우 높은 것이라 판단할 수 있습니다. 그러나 반대로 서로 간 불필요한 경쟁 심리에 휩싸이고 상대방의 소외와 고립을 마땅히 여기며 분단과 균열을 치닫기에 급급하면, 민족 공동체로서의 합당성은 형편 없는 수준에 머문 것입니다.

지금까지 세 가지 기준에 의해 사회의 합당성에 대한 평가를 시도해 보았습니다. 이로써 만물(자연, 인간, 문화, 사회)에 대한 합당성의 평가 기준이 모두 다 제시되었다고 생각합니다.

이 장에서 저는 성경이 말하는 기독교 세계관의 의의(혹은 차별성)를 세 가지로 밝혔습니다. 그 세 가지는 경건의 심화, 통전성의 회복, 판단 기준의 제시였습니다. 이것을 바꾸어 말하자면, 성경이 말하는 기독교 세계관이 확립되지 않을 경우 그 당사자는 경건을 행함에 문제를 일으키고, 삶은 파편화·극단화·구획화 되며, 자연·인간·문화·사회와 관련한 합당성을 판단하는 데 상당한 곤란을 겪는다는 뜻입니다.

이제 다음 마지막 장에서는 이러한 기독교 세계관을 학습하고 내면에 확립한(또는 확립해 가는) 이들이 더 읽고 싶어하는 책들(기독교 세계관에 대한 다른 저술들, 자신의 관심 분야나 전문 영역에 대한 탐구서들)을 안내하고자 합니다.

7. 더 읽어야 할 책들

지금까지 저는 기독교 세계관이 무엇이며 그 의의는 무엇인지 밝히고자 힘을 기울였습니다. 2장에서는 골로새서 1:15-20의 가르침에 기초하여 성경이 말하는 기독교 세계관의 내용을 전반적으로 설명했습니다. 그리고 나서는 세 장에 걸쳐 기독교 세계관의 세 가지 요소를 하나씩 등장시켜 그 의미를 규명해 보았습니다. 3장에서는 기독교 세계관의 **대상**인 '세계'(골 1:15-20에서는 '만물')를 네 개의 범주(자연, 인간, 문화, 사회)로 소개했습니다. 4장에서는 기독교 세계관의 **특성**을 그리스도의 사역인 '창조-보존-화목'과 연관시켜 상세히 다루었습니다. 5장에서는 기독교 세계관의 **핵심**인 '봄/인식함'의 성격이 무엇인지를 규명하고자 했습니다. 제6장에서는 이렇게 제시한 기독교 세계관이 어떤 의의를 갖는지 세 가지 항목으로 정리했습니다.

이제 이 마지막 장에서는 이 책에서 제시한 형태의 기독교 세계관을 어느 정도 학습하고 확립한 이들이 더 읽어야 할 책을 몇 가지 소개하고자 합니다.

문화적 착시 현상에 대한 경고

기독교 세계관을 배우고 관심을 갖고 있는 사람이 다른 여러 가지 책에 대해 알고자 하는 것은 자연스럽고 또 타당한 일입니다. 그러나 여러 가지 기독교 세계관 소개서를 읽고 그 내용을 알게 된다고 해서(물론 아는 일은 중요합니다) 기독교 세계관이 목표하는 바가 다 실현되지는 않을 수도 있기 때문에, 책을 읽을 때 조심하는 것이 필요합니다. 이런 경고성 발언을 하는 데는 이유가 있습니다. 뒤에 나오는 내용은 그에 대한 답변입니다. 좀 길기는 하지만 중요한 사안이기 때문에 자세히 설명을 하겠습니다.

기독교 세계관은 기독교 신앙의 한 분야(매우 중요한 분야이기는 하지만)입니다. 따라서 기독교 세계관의 목표는 기독교 신앙의 일반적인 목표 밑으로 들어가야(subsume) 하고 그런 목표의 달성에 기여해야 합니다. 그렇다면 기독교 신앙의 목표는 무엇입니까? 이에 대해서는 여러 가지 답변이 있을 수 있겠으나 **우리의 믿는 바를 생활화하는 것**이라고 요약하고자 합니다. '올바로 믿고 제대로 사는 것'이 기독 신앙의 핵심적 목표임은 예수님의 교훈(마 7:21-24; 23:3)이나 사도들의 가르침(갈 5:6, 16; 골 2:6; 살전 2:10; 딤전 4:12; 딛 3:8; 히 13:7; 약 1:21-22; 2:14-17; 요일 3:16-18)을 통해 잘 알 수 있는 바입니다.

그렇다면 기독교 세계관의 목표 역시 **우리의 믿는 바를 생활화하는 것**이라 할 수 있을 것입니다. 그런데 우리가 올바로 믿고 제대로 살기 위해서는 다음의 세 가지 요소를 고려해야 합니다. 첫째, 하나님의 말씀으로부터 우리가 순종해야 할 초(超)문화적 메시지를 찾아내야 합니다. 초문화적 메시지란, 그리스도인 개인 혹은 집단이 처한 사회적·문화적 상황과 관계 없이 모두에게 공통적으로 해당하는 표준적 교훈을 말합니다. 둘째, 이렇게 발견한 하나님의 보편적 메시지를 오늘 우리가 처한 상황과 실정에 적용해야 합니다. 셋째, 앞의 두 가지(특히 두 번째) 목적이 제대로 이루어지도록 하기 위해서 다른 시대 다른 지역 그리스도인들에게 도움을 받을 필요가 있습니다. 만일 이 세 요소를 기독교 세계관과 연관시킨다면 다음과 같습니다.

(1) 기독교 세계관의 내용에서 어느 시대 어느 장소의 그리스도인에게나 공통적으로 적용되는 성경의 교훈을 찾아야 한다.
(2) 기독교 세계관의 내용을 현재 우리가 처한 상황과 실정에 적용해야 한다.
(3) 앞의 두 가지 작업을 위해 다른 시대 다른 나라 그리스도인들의 도움을 받을 수 있다.

제가 이 책을 쓴 것은 위의 세 가지 요소 가운데 첫 번째 사항과 연관이 됩니다. 이 책의 내용을 가리켜 '최소 내용의 기독교 세계관'이라 이름을 붙인 것도 바로 이런 이유에서입니다. 그런데 두 번째 사항에 이르면 곤란이 찾아옵니다. 우리는 한국의 그리스도인들이 처한 사회적·문화적 상황을 그리스도인의 관점에서 충분히 분석하지 못하고 있고, 이런 것에 대한 민감성조차 거의 계발되어 있지 않기 때문입니다. 그러므로 (2)의 과정이 제대로 이루어지기가 매우 힘든 상황입니다. 그렇기 때문에 우리는 기독교 세계관에 대한 다른 나라 그리스도인의 책만 읽었지(물론 이것은 세 번째 사항에 해당되기 때문에 그것 자체로서는 전혀 그릇되었다고 할 수 없습니다), 성경에서 찾은 기독교 세계관의 내용을 우리의 삶과 처지에 적용하는 일에는 무척 어둡고 게을렀습니다. 우리가 기독교 세계관을 아무리 명확히 배워서 삶에 적용시키려 해도, 우리가 처한 삶의 정황을 제대로 파악하고 있지 못하면, 적용은 사실상 거의 불가능하다 할 수 있습니다.

그러면서도 우리는 (3)을 위해 주로 미국 그리스도인의 저술을 많이 읽어 왔습니다. 앞서 말한 바와 같이 한국의 그리스도인들은 제임스 사이어, 미들턴과 월쉬, 그리고 알버트 월터스 등의 저술을 읽으면서 기독교 세계관에 대한 지식을 쌓아 나갔습니다. 그런데 이런 책들은 모두 성경의 교훈을 그들의 상황과 처지에 적용하려는 목적에서 저술된 것이었습니다. 따라서 우리가 이런 책을 열심히 읽으면 읽을수록 자연히 기독교 세계관에 관한 성경의 교훈뿐 아니라 그들의 상황과 처지에 대한 적용까지 배우게 됩니다. **바로 여기에서부터 교묘한 문화적 착시 현상이 찾아들기 시작합니다.** 이런 책들을 탐독하고 다른 이에게 가르치다 보면, 어느 새 그 내용에 심취되어서 우리가 처한 삶의 정황과 맥락을 잊고 '서구화'(혹은 '미국화')되기 시작하는 것입니다. 우리는 마치 '문화적 이민'을 가 있는 것과 비슷한 상태가 되어 현재 한국의 실정이나 상황과는 관계 없이(점점 관심을 잃어 가든지 아니면 그런 실정과 상황을 보면서도 마치 TV를 볼 때처럼 문제의식 없이 익숙해져 버리든지), 그저 자신이 읽고 흥미를 느끼는 그 저자들의 논변과 설명(그들의 사회·문화적 정황, 그들의 문제점 분석, 그들이 제시하는 해결책)에만 점점 더 침잠하게 됩니다.

제 말에 오해가 없었으면 합니다. 저는 결코 그 저자들이나 그 저술들(번역서들)에 문제가 있다고 말하는 것이 아닙니다. 오히려 그런 저자들의 사상에 접하고 그런 번역서를 읽고 몰입하게 된 그리스도인들(비록 소수이지만)에게 문제가 생겼다고 지적하는 것입니다. 그런 책을 읽고 무엇이 우리 실정과 유사한지(따라서 배울 점이 무엇인지), 또 무엇은 우리의 상황과 전혀 맞지 않는 것인지(따라서 무시해도 좋은지) 분별하여 취사선택함으로, 결국 우리가 처한 이 시대 한국의 상황에 눈을 돌리도록 자극을 받았어야 했습니다. 또한 성경이 말하는 기독교 세계관을 우리의 현실과 삶에서 적용하려면 어떻게 해야 하는지 고민해야 했습니다. 그러나 이런 일은 결코 일어나지 않았던 것입니다!

어떤 이는 이쯤에서 제게 의문이나 이의를 제기할지도 모르겠습니다. 미국과 한국의 실정이 그렇게 다르냐고…. 지금과 같은 세계화 시대에는 세계가 하나의 지구촌을 형성하고 있고, 게다가 한국은 미국의 영향을 많이 받고 있기 때문에 두 나라의 문화·사회적 정황

(기독교계의 상황을 포함하여)이 유사하지 않느냐고 말입니다. 이런 주장은 어느 정도 타당합니다. 미국과 한국 사이에는 놀랄 정도로 공통점이 많은 것 같아 보입니다. 그러나 사실 이것은 상당히 피상적 인식에 불과합니다. 좀 눈여겨보면 전문적 사회·문화·종교 비평가가 아니라 할지라도 두 나라 사이의 엄청난 차이점이 사회와 문화 저변에 걸쳐 깔려 있음을 발견할 수 있을 것입니다. 이러한 차이점을 도표로 정리해 보겠습니다.

나라 항목	미 국	한 국
기독교의 위상	과거에는 기독교가 개인 및 공적 생활의 중심이었으나 20세기를 지나면서 공적 영역에서는 상당히 약화된 상태임.	기독교가 전통 종교(유교, 불교 등)의 틈새를 비집고 들어와 지난 40년 동안 외형적·수적인 면에서 매우 강력한 종교인 것처럼 부각되었음.
기독교 안팎의 정황	아직도 복음주의자들이 높은 비율을 차지하고 있지만 동시에 세속적 인본주의, 신학적 자유주의, 비(非)복음주의적 세력 역시 무시할 수 없을 정도로 건재해 있음.	기본적으로 무교적 성향이 강함. 기독교는 대체로 보수적임. 자유주의적 신학 경향은 큰 영향을 발휘하지 못하고 주로 신학자들과 지식층 사람들, 젊은이들 가운데 소수 의견으로 남아 있음. 표면적으로 볼 때 불교와 경합을 벌이고 있음.
기독교적 정신 문화	건국 당시부터 강한 기독교적 가치관과 전통을 내세움. 현재는 많이 약화되었으나 그래도 개인 및 사회의 곳곳에	기독교의 출발이 불과 100여 년 밖에 되지 않았으므로 기독교적 정신 문화를 형성하기에는 역부족임. 그리스도

	기독교적 정신이 배어 있음.	인들과 교회가 아직까지 이런 면에서 이렇다 할 진보를 나타내지 못하고 있음.
사회 구성원의 성향	지극히 개인주의적임. 합리성·준법 정신·윤리적 원칙을 중시함. 동시에 쾌락 추구나 성공에 대한 집착, 경쟁의식 등으로 인간 파괴와 인간성의 상실 및 소외를 경험하고 있음.	개인주의적 성향과 공동주의적 전통 사이에서 방황하든지 아니면 묘한 이중성을 체득해 나가고 있음. 요행·편법·요령에 대한 의존도가 높음. 가문·연고·학벌 중시. 민족 공동체적 열정에 몰입하곤 함.
국가적 상황	세계적 패권(군사, 경제, 외교 등) 유지를 위해 노력함. 국내 정책(경제, 복지 등)에 있어서는 급진적 입장을 취하면서도 대외 정책과 관련해서는 자국 중심적 보수주의가 만연하고 있음(9·11 사태 이후 더 심화). 다인종·다문화주의적(특히 흑백 사이의) 갈등.	남북 분단의 현실. 선진국 진입(특히 경제적인 면에서)에 안간힘을 쏟음. 스포츠·연예·기술 등의 면에서 과거보다 국가적 자부심이 높아짐.
포스트모더니즘 과의 연계성	포스트모던 현상이 학문, 예술, 종교, 대중 문화의 각 영역에서 현저히 나타나고 있음. 기독교는 상대주의 및 다원주의의 망령과 치열한 투쟁을 벌이고 있음.	모더니즘을 겪은 지 불과 30-40년(1960-2000)밖에 되지 않은 채 포스트모더니즘을 운운하게 됨. 근대 사회로의 발전과 그것이 가진 자체 모순을 경험한 결과로서 포스트모던을 말하는 것이 아니고 서구(특히 미국)의 전문가·저술가·지도자들의 주장에 의존해 포스트모던을 이야기하고 있음.

우리가 많이 읽는 미국(및 캐나다) 저자들은 표에 제시된 종교적·문화적·사회적 환경을 놓고 고민하는 과정에서 자기들 나름대로 기독교 세계관을 쓴 것이었습니다. 이것은 특히 기독교 세계관에 관한 책들이 끊임없이 개정되거나(사이어, 월터스의 경우) 아예 새로 쓰이는 것(미들턴과 월쉬의 경우)을 보아도 알 수 있습니다. 그들이 처한 삶의 환경과 처지가 최근 들어 상당히 많이 바뀌었고 따라서 적용 또한 새롭게 이루어져야 했기 때문에 개정이나 재저술이 불가피했던 것입니다.

그러므로 다시 강조하지만, 제가 문제 삼는 것은 기독교 세계관에 대한 외국인 저자들이나 그들의 저술 내용이 아닙니다. 문제의 소지는 그런 책을 읽는 한국인들의 문화적 도착 증세와 한국 상황 및 실정에 대한 그릇된 적용에 존재합니다. 그러므로 비록 우리가 그들의 사상과 저술에서 어느 정도 배울 부분이 있지만, 동시에 매우 조심스럽게 대해야 한다는 것입니다. 현재(적어도 2008년의 시점에 볼 때) 우리 사회가 꼭 미국처럼 포스트모던 시대에 접어들었다느니, 미국과 똑같은 식으로 다원주의·상대주의에 빠졌다느니 하고 진단하는 것은 매우 어리석은 적용입니다. 동시에 미국(및 서구)의 저술가들이 자신들의 사회·문화적 상황에 대해 제시하는 해결책이 오늘날 한국에도 똑같이 들어맞으리라고 생각하는 것 역시 상식에 맞지 않는 사회·문화 비평적 착오 현상입니다.

기독교 세계관을 설명하는 다른 책들

이런 배경을 염두에 두고, 이제 기독교 세계관에 대한 책 몇 가지를 소개하고자 합니다. 저는 2장에서 이 책에 소개된 설명이 '최소 내용의 기독교 세계관'임을 밝힌 바 있습니다. 성경을 하나님의 말씀으로 받아들이는 그리스도인이라면 기독교 세계관과 관련해서 누구나 동의할 수 있는 최소한의 공통적 내용을 담고 있다는 뜻입니다. 이는 기독교 세계관은 얼마든지 다른 방식으로도 기술할 수 있다는 뜻이기도 합니다. 즉 좀더 기독교 유신론의 틀에 맞춰진 제임스 오어(James Orr)의 「하나님과 세계에 대한 기독교적 관점」(*The Christian View of God and the World*), 혹은 자기 특유의 신학 전통에 따른 알버트 월터스의 「창조, 타락, 구속」처럼, 아니면 기독교 세계관의 요소들에 대해 철학적 논의를 벌인 아더 홈즈의 「기독교 세계관」(*Contours of a World View*, 엠마오 역간)처럼 말입니다. 따라서 이 책의 내용과 다른 책들을 비교·검토해 보는 것도 유익하리라고 생각합니다. 다만 여기에서 소개하는 책들은 주로 한국 IVP 도서에만 국한하고자 합니다. 이것은 다른 출판사에는 읽을 만한 책이 없어서가 아니라, 주로 제가 읽고 가까워진 책들을 대상으로 하다 보니 그렇게 되었습니다.

먼저 「창조, 타락, 구속」부터 시작하고자 합니다. 기독교 세계관의 논의를 활성화한 신학 전통은 역시 개혁파 신학(Reformed theology)이었고, 그 중에서도 특히 아브라함 카이퍼(Abraham Kuyper, 1837-

1920)를 원조로 하는 네덜란드의 신칼뱅주의(Neo-Calvinism) 전통이었습니다. 알버트 월터스는 이 저술 속에 개혁파 기독교 세계관의 요체를 매우 치밀하게 설명해 놓았습니다. 최근 확대 개정판에는 마이클 고힌의 후기 "이야기와 선교 사이에서 세계관을 탐색하다"가 첨부되어 있습니다. 제 관점에서 본다면, 월터스의 책은 기독교 세계관의 첫 요소, '기독교적'을 잘 밝힌 것으로 평가할 수 있습니다. 다만 저와의 차이점은 그가 성경의 주지를 사람들이 흔히 내세우는 것처럼 창조-타락-구속으로 정리하고 있다는 점입니다.

그 다음에 소개할 제임스 사이어의 「기독교 세계관과 현대사상」은 우리 나라에 기독교 세계관을 처음으로 소개한 책으로서, 많은 이들로 하여금 세계관 분석의 중요성에 대해 눈을 뜨게 만든 책이었습니다. 1976년에 초판이 발간되어 2004년에 4판까지 이른 이 책은 기독교 세계관만을 탐구하고 있지는 않습니다. 오히려 모든 세계관에 공통되는 일곱 가지 사항을 제시한 뒤 이에 따라 기독교 세계관을 포함한 여덟 가지 세계관을 분석하고 있습니다. 그가 질문 형식으로 던진 일곱 가지 사항(궁극적 실재, 외부 세계, 인간, 죽음 이후, 지식, 윤리, 역사)은 제가 여기에서 제시한 기독교 세계관의 세 가지 요소 가운데 첫 항목인 '세계'에 해당하는 내용입니다. 즉 제가 자연, 인간, 문화, 사회의 네 가지로 정리한 것을 사이어는 일곱 가지 사항으로 확대시킨 것입니다.

「코끼리 이름 짓기」(*Naming the Elephant*, IVP 역간)는 사이어가 2004년에 새로이 선보인 세계관 관련서입니다. 그는 이 책에서 세계관에 대한 자신의 정의가 너무 신념(belief) 및 명제 중심적이라고 느꼈기 때문에 이제는 그것을 '영적 지향성' 혹은 '영적 성향'으로 수정하겠다고 밝히고 있습니다. 그러나 어쨌든 기독교 세계관이 다루고자 하는 바가 일곱 가지 사항으로 구성되어 있다고 주장하는 점에서는 이전과 변함이 없습니다.

브라이언 월쉬와 리차드 미들턴의 공저, 「그리스도인의 비전」은 개혁파 기독교 세계관을 근간으로 하고 있다는 점에서 위에 소개한 「창조, 타락, 구속」과 비슷하지만, 서양의 사상과 사조를 주제별로 분석하고 있다는 점에서는 차이가 있습니다. 월쉬와 미들턴은, '나는 누구인가?', '나는 어디에 있는가?', '무엇이 잘못되어 있는가?', '그 치료책은 무엇인가?' 하는 네 가지 질문을 통해 인간, 세상, 악, 구원 등 네 가지 사항을 밝히고자 합니다. 그들이 탐구하는 네 가지 사항은 제가 제시한 기준으로 보자면 기독교 세계관의 첫째 요소인 세계에 해당하는 것입니다.

월쉬와 미들턴은 「그리스도인의 비전」을 쓴 지 11년 후인 1995년, 이미 북미 지역에 포스트모더니즘이 만연해 있음을 인식하고서 「포스트모던 시대의 기독교 세계관」(*Truth Is Stranger Than It Used to Be*, IVP 역간 예정)를 저술했습니다. 비록 답변의 내용과 방식은 앞의 책과 차이가 있지만, 그것이 결국 원래의 네 가지 사항(인간, 세상, 악, 구원)에 대한 것이라는 점에서는 연속성이 있습니다.

신국원이 2005년에 쓴 「니고데모의 안경」(IVP) 가운데 1장 '세계, 세계관 그리고 문화'는 제가 제시한 기독교 세계관의 세 번째 요소,

'보기/인식하기'에 해당합니다. 그는 여느 개혁파 기독교 세계관의 설명이 그렇듯 세계관의 주지를 창조-타락-구속으로 제시하고 있고, 이 점에서 저의 기준과 차이가 있다고 할 수 있습니다.

관심 분야나 전문 영역과 관련된 책들

지금부터 소개하고자 하는 책들은 그리스도인으로서 남다른 관심을 갖고 있거나 아니면 자신이 전문적으로 관여하는 영역에 관한 것입니다. 이 도서들 가운데 어떤 것은 명시적으로 기독교 세계관에 기초하여 내용을 전개한 것도 있고, 꼭 겉으로 드러내지는 않더라도 기독교 세계관을 은연 중에 염두에 두고 쓰인 책도 있습니다. 또 다른 몇 종의 책들은 기독교 세계관의 틀과 상관없이 그저 흔히 이야기하는 기독교적 관점에서 쓰인 것입니다. 이제 여기에서는 이러한 관심 분야나 전문 영역을 열두 가지로 나누어 각 주제마다 한 권씩의 책을 소개하고자 합니다. 아래 소개하는 책들이라고 해서 모두가 다 각 분야를 설명하는 최적의 책이라고 자신할 수는 없습니다. 역시 주로 한국 IVP에서 출간한 번역서들을 위주로 제시했기 때문에, 어쩌면 이곳에 소개하지 않은 책자가 더 적합할 수도 있을 것입니다.

(1) 자연 환경

반 다이크 외,「환경 문제와 성경적 원리」(IVP 역간)

원래 미국 IVP에서 *Redeeming Creation: The Biblical Basis for Environmental Stewardship*이란 제목으로 1993년에 간행된 책입니다. 저자 네 명의 공동 저술인데, 이들은 모두 미국의 대학에서 생태와 환경 관련 과목을 강의하고 있는 교수입니다. 프레드 반 다이크(Fred Van Dyke)는 환경 및 산림 생물학, 데이비드 마한(David Mahan)은 육수학(陸水學), 조셉 쉘던(Joseph Sheldon)은 곤충학, 레이몬드 브랜드(Raymond Brand)는 동물 생태학 전공자입니다. 이들은 원 저서의 제목과 같이, 인간이 청지기로서의 역할을 인식하는 것만이 피조물을 구속하는 하나님의 역사에 참여하는 길이라고 밝힙니다.

(2) 성(性)

잭 볼스윅·쥬디스 볼스윅, 「진정한 성」(IVP 역간)

부부인 이 저자들은 1980년대 초 풀브라이트 교수로서 한국을 방문하기도 했고, 현재는 풀러 신학교에서 가르치고 있습니다. 이 책의 원제는 *Authentic Human Sexuality: An Integrated Christian Approach*로서 미국 IVP가 1999년에 간행했습니다. 저자들은 하나님이 선하게 창조하신 '진정한'(authentic) 성의 원리들이 무엇인지를 밝힌 뒤, 그에 따라 여러 가지 성적 양상의 진정성 여부를 진단 및 평가하고 있습니다.

(3) 학문

조지 마스덴, 「기독교적 학문 연구@현대 학문 세계」(IVP 역간)

마스덴은 노트르담 대학교의 역사학 교수로서 미국의 근본주의나 복음주의 운동, 미국 대학의 역사 등의 분야에서 탁월한 전문가로 정평이 나 있습니다. 이 책은 1997년에 옥스퍼드 대학교 출판부에서 출간되었는데, 원제는 *The Outrageous Idea of Christian Scholarship*입니다. 미국의 고등 교육에 종사하는 상당수의 사람들은, 학문의 특징이 가치중립적이고 객관적이어야 한다는 계몽주의적 신념 하에 아직도 '기독교적 관점'에서의 학문 활동을 '터무니없는'(outrageous) 것으로 치부하고 있습니다. 바로 이러한 풍조에 굴복하지 않고, 왜 기독교적 관점에서 학문을 하는 것이 필요하고 또 가능한지 조목조목 설명하고 있습니다.

(4) 교육 과정(curriculum)

해로 반 브루멜른, 「기독교적 교육 과정 디딤돌」(IVP 역간)

이 책은 원래 국제기독학교연맹(Association of Christian Schools International)의 출판 분과인 펄포우즈풀 디자인 출판부(Purposeful Design Publication)에서 2002년 출간되었으며 원제는 *Steppingstones to Curriculum: A Biblical Path*입니다. 저자인 부르멜른은 캐나다 브리티시 콜롬비아 소재 트리니티 웨스턴 대학교의 교육학과 학장으로서, 이미 오래 전부터 기독교적 학급 운영이나 교수법에 대해 강의해 왔고, 특히 기독교 세계관에 입각한 교육 과정의 기획과 관련해 광범위한 유익을 끼치고 있습니다. 이 책은 기독교 세계관에 입각한 교육 과정의 이론과 실제에 대해 구체적인 아이디어를 제공하고 있는데, 유치원부터 고등학교에 이르기까지 전 연령의 학생을 대상으로 할 수 있습니다.

(5) 예술

힐러리 브랜드·아드리엔느 채플린, 「예술과 영혼」(IVP 역간)

이 책의 저자인 두 여성은 프리랜서 작가(힐러리 브랜드)와 토론토에 있는 기독교 학문 연구소(Institute for Christian Studies)의 예술 철학 교수(아드리엔느 채플린)로서 차이가 있지만, 기독교 세계관에 입각한 예술 활동을 하나님의 소명으로 인정한다는 점에서 공통점을 지니고 있습니다. 이 책의 원제는 *Art and Soul: Signposts for Christians in the Arts*[영국에서는 2001년 피퀀트 출판사(Piquant Press)에서, 미국에서는 2002년 IVP에서 출간됨]로, 각종 예술의 영역에 종사하는 그리스도인을 위한 안내서로 꾸며져 있습니다. 저자들은 "철저히 기독교적인 세계관에서 비롯된 예술, 다시 말해 기독교 세계관에 속한 것들을 위해 만들어지고 그 세계관을 해석하고 있는 예술, 그것이야말로 우리가 일컫는 기독교 예술이다"(14-15면)라고 분명히 밝힙니다.

(6) 대중 문화

윌리엄 로마노프스키, 「맥주, 타이타닉, 그리스도인」(IVP 역간)

저자인 로마노프스키는 현재 칼뱅 대학교의 커뮤니케이션 학과 교수로서, 오래 전부터 미국의 대중 문화, 연예 산업 등에 대해 통찰력 있는 분석과 평가를 시도해 오고 있습니다. 이 책자의 원제는

*Eyes Wide Open: Looking for God in Popular Culture*이고, 2001년 베이커 출판사(Baker Book House)의 지사인 브라조스 출판사(Brazos Press)에 의해 출간되었습니다. 2007년에 확대·개정된 이 책은 대학에서 대중 문화에 대한 교과서로서도 널리 사용되고 있습니다. 그러므로 이 책은 대중 문화를 그리스도인의 시각에서 비평적으로 보기 원하는 이들에게 매우 적절한 안내서가 될 것입니다.

(7) 영화

로버트 존스톤, 「영화와 영성」(IVP 역간)

로버트 존스톤은 신학자임과 동시에 영화 비평가라고 할 수 있습니다. 그는 풀러 신학교의 신학과 문화 담당 교수로서 다섯 번에 걸쳐 '신학과 영화'라는 주제로 강의를 개설했는데, 그 열매가 바로 이 책입니다. 이 책의 원제는 *Reel Spirituality: Theology and Film in Dialogue*로서, 일종의 말장난을 시도하고 있습니다. reel은 감아 놓은 한 뭉치의 영화 필름을 뜻하는 단어인데 real과 발음이 비슷해, 책 제목은 '영화에 담긴 영성'을 나타냄과 동시에 '참된 영성'이란 표현도 떠오르도록 유도하고 있습니다. 그리스도인의 영화 비평에 있어서 이만한 책을 만나기도 힘들 것입니다.

(8) 일/노동

아먼드 래리브(Armand Larive), 「일요일 이후: 일의 신학」(*After Sunday: A Theology of Work*)

영어 단어 'work'는 우리 말의 일, 노동, 일자리(직업)를 한꺼번에 지칭하는 효과가 있습니다. 그래서 이 책은 '일/노동의 신학'일 수도 있고 '직업의 신학'일 수도 있는 것입니다. 저자인 아먼드 래리브는 미국 성공회 신부로서 전에는 교구 사제로 일하면서 동시에 워싱턴 주립 대학에서 철학을 가르쳤고, 지금은 교구 사제면서 목수로 일하고 있습니다. 그는 이 책에서 일이란 하나님의 지속되는 창조 사역에 참여하는 것이며, 우리가 하는 모든 일(신앙적이든 일상적이든)은 삼위 하나님을 기초로 할 때 비로소 참된 의미를 찾을 수 있다고 주장합니다.

(9) 정치

폴 마샬, 「정의로운 정치: 기독교 정치 사상과 현실 정치」(IVP 역간)

이 책은 1989년에 한국 IVP가 출간한 「기독교 세계관과 정치」(*Thine is the Kingdom*)의 개정판입니다. 마샬은 현재 허드슨 협회(Hudson Institute) 내의 종교 자유 연구소(Center for Religious Freedom)에서 선임 연구원으로 활동하고 있지만, 이 책을 저술할 때에는 토론토의 기독 학문 연구소에서 정치학을 가르쳤었습니다. 이 책의 원제는 *Just Politics: A Christian Framework for Getting Behind the Issues*인데, 마샬은 이 책의 부제에 명시한 것처럼 그리스도인들이, 당면한 정치적 이슈들에만 급급해할 것이 아니라 오히려 더 내면으로 들어가 그런 이슈들을 다룰 수 있는 기독교 사상적 틀을 갖추는 것이 훨씬 더 중요하다고 역설합니다.

(10) 경제학/경제 생활

도널드 헤이, 「현대 경제학과 청지기 윤리」(IVP 역간)

저자인 도널드 헤이는 옥스퍼드 대학교의 경제학 교수로서 전공은 거시경제학입니다. 원 저술은 *Economics Today: A Christian Critique*로서 1989년에 영국 IVP에서 출간되었습니다. 그는 전형적인 경제학자이지만 또 그리스도인이기 때문에 기존 경제학 이론을 좀더 그리스도인의 비판적 시각에서 보고자 했습니다. 특히 1, 2장에서는 경제학이나 우리의 경제 생활과 연관 되는 성경적 기초와 신학적 윤리를 밝힘으로써 이러한 작업의 기초를 다지고 있습니다. 그러고 나서 현대 경제학의 경제 분석 이론을 비판적으로 검토하고, 뒤이어 여러 가지 중요한 경제적 주제들(자본주의 및 사회주의 경제 체제, 경제 정책, 국가 간 경제의 불균형, 경제 성장)을 하나씩 다루고 있습니다.

(11) 기술

스티븐 몬스마 외, 「책임 있는 과학 기술」(CUP 역간)

이 책의 원제는 *Responsible Technology: A Christian Perspective*로서, 1986년 어드만 출판사(Wm. B. Eerdmans Publishing Company)에서 출간되었습니다. 편집자는 스티븐 몬스마지만 그 외에도 다섯 명의 공동 저술자가 있습니다. 원래 칼뱅 대학교에서는 해마다 어떤 주제를 정하여 학술 연구를 돕고 그 결과를 책으로 출간하곤 했는데, 이 역시 1986년에 이루어진 칼뱅 기독교 학문 연구소(Calvin

Center for Christian Scholarship)의 결정물입니다. 현대 사회는 '기술'(혹은 흔히 쓰는 표현처럼 '과학 기술')을 떠나서 생각할 수 없습니다. 기술이 인간에게 큰 유익을 끼친 것도 사실이나 동시에 그것이 갖는 문제점과 끼치는 어려움도 간과해서는 안 될 것입니다. 이 책은 이렇게 야누스의 두 얼굴 같은 '기술'이라는 주제를 기독교 세계관으로써 조망하도록 도움을 베풀고 있습니다.

(12) 사회

앤런 스토키(Alan Storkey), 「그리스도인의 사회관」(*A Christian Social Perspective*, 생명의말씀사 역간)

저자인 앤런 스토키는 본래 경제학을 전공했고 1969년 영국 성공회 내에 사회 참여를 장려하는 기구인 쉐프스베리 프로젝트(Shaftesbury Project)의 첫 대표를 맡아, 기독교적 사회 참여 운동에 앞장을 섰습니다. 또한 1999년부터 현재에 이르기까지는 기독교적 민주주의를 정치 이상으로 삼는 정당인 기독교 민주 연합(Christian Peoples Alliance)의 의장으로 수고하고 있습니다. 이 책은 워크숍 대학(Worksop College)의 경제 및 정치학과 과장으로 있었을 때 집필한 것입니다. 그는 이 책의 초반부에서 흔히 사회 과학의 주창자들이 말하는 중립적 관점이란 존재하지 않는다는 사실을 밝히고 있습니다. 이것은 자신이 중립적 관점을 견지하고 있다고 말하는 이도 실상은 자기 나름대로의 비(非)중립적 관점에 서 있는 것이라는 뜻입니다. 그렇기 때문에 그는 그리스도인으로서 단연코 창조-타락-구속이라는 기독교 세계관의 틀을 통해 사회를 보겠다고 말합니다. 바로 이러한 세계관의 틀에 의거해 사회의 제반 이슈를 분석·평가한 것이 이 책의 특징이자 강점입니다.

이상과 같이 열 두 분야의 책을 소개함으로 이번 장을 마감하려 합니다.

이로써 기독교 세계관과 관련한 저의 중요한 임무는 모두 끝이 났습니다. 기독교 세계관의 수립을 통해 경건이 심화되고 통전성이 회복되며 문화적·사회적 판단력을 갖추는 것은 이제 여러분의 몫입니다.

새로 쓴 기독교, 세계, 관

초판 발행_ 2008년 12월 17일
초판 6쇄_ 2023년 3월 10일

지은이_ 송인규
펴낸이_ 정모세

펴낸곳_ 한국기독학생회출판부
등록번호_ 제2001-000198호(1978.6.1)
주소_ 04031 서울시 마포구 동교로 156-10
대표 전화_ (02)337-2257 팩스_ (02)337-2258
영업 전화_ (02)338-2282 팩스_ 080-915-1515
홈페이지_ http://www.ivp.co.kr 이메일_ ivp@ivp.co.kr
ISBN 978-89-328-4554-8
ISBN 978-89-328-4558-6(세트)

ⓒ 송인규 2008

책값은 뒤표지에 있습니다.
무단 전재와 복제를 금합니다.